俞大猷

（1503—1579）

“福建历史文化名人丛书”编委会

福建历史文化名人丛书

福建省社会科学界联合会 编

俞大猷

明代抗倭名将

陈桂炳 编著

海峡出版发行集团 | 福建人民出版社

THE STRAITS PUBLISHING & DISTRIBUTING GROUP | FUJIAN PEOPLE'S PUBLISHING HOUSE

图书在版编目（CIP）数据

俞大猷：明代抗倭名将 / 陈桂炳编著. --福州：
福建人民出版社，2017.9（2020.11重印）
（福建历史文化名人丛书）
ISBN 978-7-211-07758-8

Ⅰ. ①俞… Ⅱ. ①陈… Ⅲ. ①俞大猷（1503–1579）—
生平事迹 Ⅳ. ①K825.2

中国版本图书馆CIP数据核字（2017）第216254号

俞大猷
YUDAYOU
——明代抗倭名将

作　　者：陈桂炳
责任编辑：陈　宽
出版发行：福建人民出版社　　电　　话：0591-87604366(发行部)
网　　址：http://www.fjpph.com　　电子邮箱：fjpph7211@126.com
地　　址：福州市东水路76号　　邮　　编：350001
经　　销：福建新华发行（集团）有限责任公司
印　　刷：福建省金盾彩色印刷有限公司
地　　址：福州市金山浦上工业区D区24幢
开　　本：700毫米×1000毫米 1/16
印　　张：7.25
字　　数：78千字
版　　次：2017年9月第1版　　2020年11月第2次印刷
书　　号：ISBN 978-7-211-07758-8
定　　价：25.00元

总 序

李 红

社会科学承载着“认识世界、传承文明、创新理论、咨政育人、服务社会”的重要功能，是人类赖以传承的精神支柱。近年来，福建省各级各部门认真贯彻《福建省社会科学普及条例》，社会科学普及工作扎实开展、稳步推进，通过举办全省社科普及宣传周、建立社科普及基地、开办社科普及讲坛等社科普及咨询平台载体，其制度化、常态化、大众化工作取得了明显成效。

习近平总书记指出，文化是民族生存和发展的重要力量，中华优秀传统文化已经成为中华民族的基因，植根在中国人内心，潜移默化地影响着中国人的思维方式和行为方式。福建文化是中华文化中极富特色的一部分，深度融入了中国文化的进程，展现出突破陈规、积极进取、兼容并包、锐意创新的胸襟和气魄。向大众传播福建优秀的历史文化知识，是福建省社科普及工作的重要内容。以接福建地气、讲福建故事、塑福建形象、续福建文脉的姿态编辑出版的“福建历史文化名人丛书”，既较为全面地展示了福建文化深厚的历史底蕴和丰富的人文精神，也为福建当下的社会文化建设提供了有益的资鉴。“福建历史文化名人丛书”所包含的朱熹、林则徐、严复、陈嘉庚等人物传记，记录了福建文化之于中国历史的影响，同时也以人物史的叙述方式生动地展现出中国人文精神的风骨和传统文化的传承。

今天，我们提倡和弘扬社会主义核心价值观，必须从中华优秀传统文化中汲取丰富营养，否则就会缺乏生命力和影响力。“福建历史文化名人丛书”记录了福建历史文化人物的价值观践行轨迹，重温了这批福建历史文化乃至中国历史文化史上重要人物的生命历程，以浅显晓畅、通俗易懂的叙述方式讲述了中华优秀传统文化传承的当代意义，开辟了社会科学知识进入千家万户的新路子。

“最忆市桥灯火静，巷南巷北读书声。”一套好的社会科学普及丛书，总是能带动起读书的风气。将学习作为一种追求、爱好和健康的生活方式，也是“福建历史文化名人丛书”所期望实现的目标。在文字中领略福建地域文化魅力，在阅读中传承传统文化养分，在感悟中提升人文道德情操，社会科学普及丛书的出版，可谓正当其时。

（作者系福建省人民政府原副省长，福建省政协原副主席）

目录

君恩山重

第一章

英雄出自少年

俞大猷扬名于明代中期的抗倭战场，成为中国历史上一位伟大的民族英雄、著名的军事家与武术理论家，可以说是既有一定的偶然性，又有其历史的必然性。

世系脉络

关于俞大猷先祖俞敏的原籍地，不论是时人还是后人，均有明确的文字记载。

晋江人李杜是俞大猷的同乡挚友、家庭教师及得力幕僚，善为文，喜谈兵，深得俞大猷的信赖，并受委托，先后代为编纂《正气堂集》《正气堂集近稿与议稿》《正气堂续集》《正气堂余集》等。李杜曾于明嘉靖四十五年（1566年）写了一篇长文《征蛮将军都督虚江俞公功行纪》，一开篇即说“俞氏之先出自凤阳霍邱，始祖敏”。这一结论得到我国古代著名的方志史学家何乔远的认定。

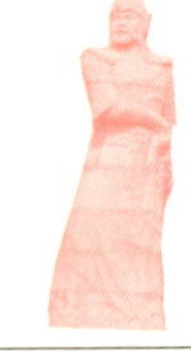

俞敏是明朝的开国功臣，被授予泉州卫百户。俞敏获封的百户，隶属于泉州卫下属的5个千户所（即左、右、中、前、后5所）之一的前千户所，而泉州卫的上级福建都司又是隶属于中央前都督府。俞大猷继承了泉州俞氏家族世职百户，虽然只是个下级军官，但也成为他日后走向成功之路的第一步。从他29岁时袭祖职泉州卫前所百户（正六品），到67岁时因战功显赫，一度升迁至右都督（正一品），累计升任10级，前后历经近40年。但3年后，又蒙冤降为都督佥事（正二品），后又升署都督同知（从一品）。76岁时获准退休，次年病逝于泉州，获赠左都督（按明代官职排序，五军都督首列左都督，在右都督之前，但均为正一品）。其漫长仕途的艰辛，可想而知。

明代的武官世袭制度，是以嫡长男为原则，其次才轮到次嫡子孙、庶长子孙和弟侄。根据现存编撰于清代的泉州俞氏族谱的记载，泉州俞氏的始祖是是俞敏。俞敏先祖较为清楚的可追溯到其祖父俞廷玉，俞廷玉有三子：通源、通海、通渊，俞敏即为通海之子。

俞敏有两子，长曰永安，次曰永庆。按明代嫡长男袭职的原则，当然是永安承袭百户。二世永安只育有一子俞逊，为慎重起见，永庆特地把自己的长子俞斋（永庆有三子，长子俞斋，次子俞宽，三子俞严）过继给永安。三世俞逊的百户之职传与独子俞政，四世俞政再传与独子俞升。

到五世俞升时，泉州俞氏家族所担心的事终于发生了：俞升没有男丁。当年的预防性措施这时发挥了作用，永庆过继给永安的俞斋一脉，香火绵延不断。俞斋子俞广，俞广子俞原瓒。俞原瓒为五世，与俞升为同一世系。眼看俞氏嫡系长房袭职无人，俞原瓒本着对俞氏家族高度的责任感，认为祖宗的世勋不应就此放弃，且当时武官世袭的有关政策又允许，遂竭尽财力，含辛茹苦，四进京师，几经周折。最后功夫不负有心人，俞原瓒终于疏通关节，办理了袭职手续，使其先祖俞敏历经40年南征北战辛劳而获得的世职百户可以传承下去。以俞敏为始祖，俞原瓒按辈分应算是五世，而赵恒志撰《后军都督府都督同知赠左都督于公大猷行状》说俞大猷"父讳原瓒以支曾孙嗣前职"，这是因为俞原瓒的曾祖俞永庆不是俞敏的嫡长男，而是嫡次男，俞原瓒的祖父俞斋过继给俞永安为次子，这样俞原瓒即为俞永安的曾孙辈，故称"支曾孙"，这是需要说清楚的，否则会因误解而导致对俞大猷一派辈分认定的错位。

俞原瓒成功承袭百户官职，成为泉州俞氏家族史上的一个重要转折点，也为后来俞大猷的成长提供了相对较好的家庭条件。而俞原瓒承袭百户官职本来是符合当时武官世袭的有关政策的，竟然要为此先后四进京师，耗尽家财才好不容易办成，这从一个侧面反映了当时官场的腐败。俞大猷目睹耳闻事情的经过，对其日后出仕的施政思想显然会产生一定的影响。

我们说泉州俞氏家族史上的一个重要转折点是从俞原瓒开始，还有另一层意思。俞氏九世孙俞德秀于清康熙二十四年（1685年）为泉州俞氏族谱写的《定世分房序》中说过："府地多单丁，至大猷、文猷兄弟二人，始分二房。后十一世渐盛，同爨未分。"俞原瓒育有二子：长大猷，次文猷，而大猷又育有四子：咨荣、咨皋、咨乐、咨伯。也就是说，自俞原瓒开始，已结束了俞敏长子俞永安一派"多单丁"的窘境，这就一个家族史而言，无疑是值得大书特书的。

讷言敏行"俞大胆"

俞大猷，字志辅，号虚江，明弘治十六年（1503年）六月十四日出生于泉州府晋江县濠格头村（今泉州市洛江区河市镇溪山村赤石口自然村）。该村位于晋江县北部，距府城（泉州府治所和晋江县治所在同一城内）约20千米。

俞原瓒所袭百户之职，在明代军队中虽是低级军官，但官品高于知县（正七品），为正六品，高了两级。月俸为12石，比知县高了2.5石。就品级和月俸而言，均高于知县。但问题在于明朝官员的俸禄标准定得较低，很多低级官员靠官俸很难维持生活，他们的实际收入很多是来自地方税收的截流（俗称"火耗"），即使是京官，其很多收入也往往来自地方官的馈赠。明末清初的著名思想家顾炎武曾经感叹地说："自古百官俸禄之薄，未有如此者。"因此，俞原瓒一家过得并不宽裕，母亲杨氏是位勤劳节俭的农家女，一天到晚十分忙碌，白天要做田里的农活，晚上做完家务后还要在

练胆石

灯下做些编织手工活，以贴补家用。全家居住的也只是农村常见的两进小平房。不过，比起周围的其他农户，俞原瓒的家境不用说是好了很多。尽管生活在较为偏僻的农村，远离府城，但俞大猷在5岁那年就进入私塾读书了，接受良好的教育。

俞大猷5岁入私塾。据说，在私塾就读期间，年幼的俞大猷身上就显露出古代哲人所说的“讷于言而敏于行”的特质。俞大猷相貌一般，平时又沉默寡言，为人低调。一些较为调皮的同学以为他胆小老实可欺，不时会寻机作弄他。但俞大猷骂不还口、打不还手，最后使同学知趣而退。其实俞大猷意志坚强、胆量超人，小小年纪，就敢于在夜间独自一人穿行于深山老林之中，还敢于跳进深潭捕捉鱼鳖，令小伙伴们刮目相看，十分佩服，于是他们尊称他为“俞大胆”。

俞大猷还把练胆作为日常生活中的一门必修课。他经常出北门到北郊清源山的一块大石上跳上跳下以练习胆量，时间一久，攀石跳跃，十分敏捷。清源山上这块俞大猷当年练胆的巨石至今仍在，被称为“练胆石”。泉州清末进士林骚曾写有《练胆石》一诗歌颂俞大猷：

石高高，胆气豪，
上石下石如猿猱，朝练夕练日几遭。
腰悬双宝刀，斩鲸碧海涛。邈兹小丑焉遁逃，
胆气豪，石高高。

俞大猷从小就有的这种练胆思想，还直接影响到其日后的戎马生涯。在练兵时，俞大猷独具慧眼地提出“练兵必须练胆”的主张，要求将士把练胆与练兵紧密结合在一起。他对于练兵与练胆、练胆与习艺之间的辩证关系有过精辟的阐述：“教兵无法，练胆为先；练胆无法，习艺为先。艺精则胆壮。”

俞大猷自小就是一位富有正义感的人，爱打抱不平，主持公道。

福建省级文物保护单位“濠溪桥”

9岁时，父亲带他前往邻近的大濠村叔祖家，经过濠溪时，见到溪上的一座古木桥已毁坏弃用，给路过的行人带来极大的不便。俞大猷听说古木桥是因樵夫失火而焚毁后，即发誓待他来日有能力时，一定要在溪上再造

一座桥，以方便路过的行人过溪。父亲见小儿如此懂事，十分高兴，随即加以勉励。58年后，俞大猷即捐献俸资，委托在家乡的堂弟俞良猷督造一座六墩七孔的新石桥（易木为石，显然与当年木桥被火焚毁有关，再加上此时已可领到高官的俸禄，使他有经济能力独资建造这样一座较昂贵的桥梁）。该石桥至今仍保存完好。新建石桥竣工这年，俞大猷因战功显著，晋升正一品高官右都督，达到其仕途生涯的最高峰。在前往广西就任前，俞大猷乘隙返回家乡泉州府，特地为新落成的石桥作了一方碑记。该碑文书法雄浑，有较高的艺术价值，反映了俞大猷为民着想的仁心和实现先人遗愿的孝心。

原石碑至今仍竖立在泉州市洛江区河市镇古濠溪石桥头。

|第|二|章|

守御金门称治

俞大猷属于大器晚成之人。他武举中进士后，晋升金门千户所的主管官。金门为俞大猷提供了一个展示才略的政治舞台，这段历练为他日后的吏治积累了经验。

投笔从戎承父职

嘉靖十年（1531年），《明史·世宗本纪》记载了一件与泉州有关的事，即罢免了明代与天津卫、威海卫并称为全国三大卫所的“永宁镇守中官”。也就在这一年俞原瓒辞世，俞大猷承袭泉州百户祖职。

俞大猷5岁时在河市老家入塾读书，10岁随母亲迁居泉州府城，15岁参加童试，考中秀才。其后以秀才的资格继续参加科考，但时运不济，参加乡试没有考中，与举人无缘，一度受困于科举之途。其间俞大猷曾有一段时间回到河市老家设塾课徒。俞大猷后来回忆说：“阙后父死，家贫不能终所志，遂袭先秩，碌碌为武流中人。”可见，俞大猷弃文就武，并非本意，原因是多方面的，其中之一就是“家贫”。

俞大猷承袭的百户官职，据明朝的职官制度，统兵112人，旗下又分为2个总旗、10个小旗，隶属于千户所。百户为正六品，其品秩高于州一级的同知（从六品）和县一级的知县（正七品），不过明朝是文官制度，除了明初的那一批开国有功的武官外，其后的武官地位都相对低于文官，甚至有的三品武官见到四品文官都要下跪。而且按照明代的职官制度，凡是所辖士卒有武艺不娴、器械不利者，所领武官皆要承担责任。

对于俞大猷担任百户期间在军中的表现情况，由于史籍缺载，我们难以得知。从军事编制看，明代的百户相当于今天的连长，而根据明代对军官的职责要求来看，俞大猷平时的主要工作，应该是武艺的训练和器械的管理。

荣登进士守金门

俞大猷是个胸怀大志、想干一番大事业的人，他显然不会满足于百户一职。嘉靖十三年（1534年）十月，已过而立之年的俞大猷再次走上了久违多年的科场。

俞大猷这次科考，与明代嘉靖年间的科举改革密切相关。明世宗登基之初，为改善政治、巩固皇权，对科举制度进行了一场大规模的改革。为了进一步完善乡试体系，明世宗于嘉靖十二年（1533年）颁行了13条乡试条约，对考生、考官、考场纪律、考试风气等各方面都做了明文规定，从而成为明初以来乡试发展最完善的一个时期。明世宗时期，科举制度完善的另一个表现就是武举的快速发展和日趋完善。武举是科举体系的一个重要组成部分，但由于种种原因，明朝迟至天顺年间（1457—1464）才正式设立武科，不过也是因需而设，并不重视。嘉靖年间（1522—1566），南倭北“虏”，边防吃紧，急需大量军事人才，这就是明

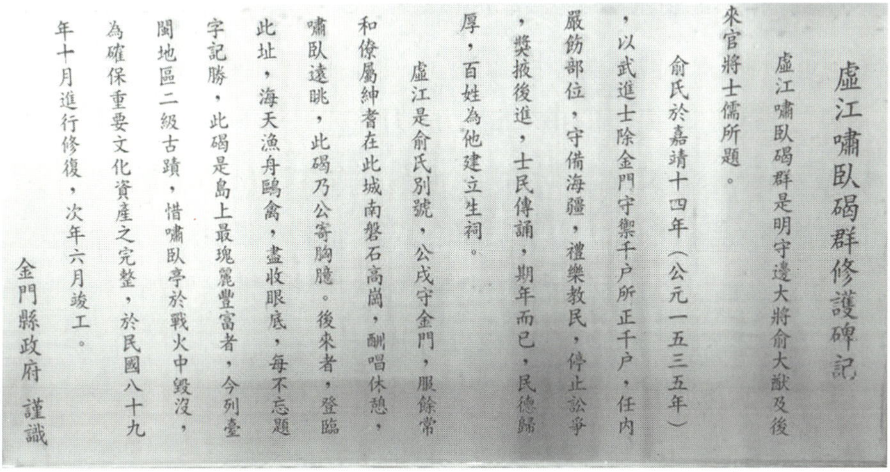

虛江嘯臥碣群修護碑記

虛江嘯臥碣群是明守邊大將俞大猷及後來官將士儒所題。

俞氏於嘉靖十四年（公元一五三五年），以武進士除金門守禦千户所正千户，任内嚴飭部位，守備海疆，禮樂教民，停止訟爭，獎掖後進，士民傳誦，期年而已，民德歸厚，百姓為他建立生祠。

虛江是俞氏別號，公戍守金門，服餘常和僚屬紳者在此城南磐石高崗，酬唱休憩，嘯臥遠眺，此碣乃公寄胸臆。後來者，登臨此址，海天漁舟鷗禽，盡收眼底，每不忘題字記勝，此碣是島上最瑰麗豐富者，今列臺閩地區二級古蹟，惜嘯臥亭於戰火中毀沒，為確保重要文化資產之完整，於民國八十九年十月進行修復，次年六月竣工。

金門縣政府 謹識

金门虚江啸卧碑记

世宗登基后就开武科取士、随后又不断增招人数的历史背景。嘉靖时期武举的兴盛，显著地提高了明军将士的素质，如被誉为“俞龙戚虎”的抗倭名将俞大猷和戚继光，即先后出身于武科。嘉靖年间是明代海寇最为猖獗的时期，但海寇最终得到了有效的控制，这应该和明世宗大力发展武举有很大关系。同时，明世宗对武举的重视，也必然会带动民间习武之风的盛行，且其影响广泛而深远，这一点对我们理解俞大猷《剑经》的撰写和传播，亦颇有启示。

俞大猷在明世宗颁行13条乡试条约的第二年，就到省会福州参加了武科乡试，可以说是抓住了一个时来运转的良机。当时的主考官巡按御史李东洲对他十分赏识，俞大猷顺利中举，从而多少弥补了当年文科乡试落选的遗憾。

按照规定，俞大猷又于次年四月赴京城参加武科会试。武科会试共分三场。第一场考马上射箭，第二场考平地射箭，射箭及骑马均为俞大猷的拿手强项，他获得了优异的成绩。第三场考策试，题目为《安国全军之道》并二问：一问正气血气，二问有无良法。俞大猷在论《安国全军之道》中，旁征博引，深入阐述，多发明理致，不事浮夸。在回答“二问”时，他重正气，轻血气；对于良法，他认为既无又有，关键在于如何使用。俞大猷在回答“二问”时提出的正气论，成为他戎马一生的真实写照，因此他流传下来的文集，即名为《正气堂集》《正气堂续集》《正气堂余集》等，汇集为一册后则名《正气堂全集》。

武科成绩公布后，俞大猷考中武进士，排名第五。根据当时的科举制度，俞大猷由百户升迁泉州卫前所正千户，官秩正五品，连升二级，且被委以守御金门的重任，成为金门千户所的主管官。金门千户所设于洪武二十一年（1388年）二月，隶永宁卫（卫治在今泉州市石狮市永宁镇）。

金门位于福建省东南部海域泉州围头湾与厦门湾内，由金门岛、小金门岛（烈屿）等12个岛屿组成，时属福建省泉州府同安县管辖。金门地处海防前线，历来被认为是“海门锁钥”“漳泉门户”。自洪武三年（1370年）以来，金门屡遭倭寇侵犯，同时还有些海盗与倭寇交相流窜，尤以嘉靖年间为烈，致使民不聊生。俞大猷赴任金门千户所后，积极采取有力措施，加强海防。嘉靖十五年（1536年）秋，官澳海盗扰民，俞大猷即率兵追捕。当时海盗只是乘风游击，俞大猷挫败官澳海盗后，名震海疆，其他海盗也不敢妄窜金门骚扰，民得以安。

驻守金门期间，俞大猷还针对当时有司玩忽职守、造成防务松弛这一情况，积极向上级反映，希望采取有效措施加以解决。

以文化民施良政

明代沿边多不设州县，由卫所代行州县之职，拥有一片独立政区，管领境内的人口和土地。明朝卫所在多数情况下是一种军事性质的行政单位，而不仅是一种单纯的军事组织，从疆土管理的基本原则看，明朝卫所可视为地方州县的补充机构。

金门向来被视为“化外之地”，因民风剽悍，诉讼不息，最难治理。俞大猷莅任后，对这个问题高度重视，作为守御一方的地方主官，他在认真履行自己的本职工作后，还花了很大的精力，做了许多原属于地方行政官员要做的事务，而且效果显著，做得比文官还好。

俞大猷到金门上任后，由于不存在语言沟通上的障碍，颇得乡民好感。在这位儒雅的正五品武官身上，看不到一般武官常有的傲慢鲁莽之气。俞大猷经常下乡，设酒食款待当地有名望的老年人，倾听他们的建议与要求，又聘请知名的老师到私塾任教，用儒家的忠孝揖让来引导民众，申明儒家的诗书礼义，教化民众。老百姓有诉讼的，他都虚心听取双方的诉求与申辩，给予公正处理，使双方信服。每到初一（朔）、十五（望）这两天，他都把老百姓聚集在乡约所，讲述过去半个月来本乡所发生的各种事情，官民一起评论这些事情，辨明是非曲直，对做好事者给予表扬；对做错事者进行规劝。俞大猷的这些措施十分有效，在他任职金门的5年里，没有人到官府去告状，人际关系比以前和谐，社会秩序比以前安定。

此外，俞大猷还经常抽空与当地的文人学士讲《易》吟诗，并大力弘扬宋人范仲淹“先天下之忧而忧，后天先之乐而乐”的精神，催人奋进。由此金门诗风大振。如邵应魁因与俞大猷交往颇多，故成为一位能诗的名将。在此后的隆庆（1567—1572）、万历（1573—1619）年间，金门诗人辈出，其中蔡守愚有“魏、唐风味”；蔡献臣则“明净简远”；蔡谦光“变为娟秀高华”；许獬则“冲秀高华，兼收陶（潜）、谢（灵运）”；蔡复一“以经济显，尤工于诗”。当俞大猷离职回泉州府城家中时，有平时跟他学习《易经》的金门秀才竟追随他而来，要求继续学习。由此可见，他对金门的诗风和学风影响甚深。

嘉靖十五年（1536年），即俞大猷守御金门的第二年，泉州府发生大饥荒，饥民无以为食，饿殍相望。有司发粮赈灾，俞大猷当时负责同安县东偏的赈灾事宜。在古代社会，一个地方受灾后，按照处理程序，从报灾、勘灾、审户到发放赈粮、赈银，一般都需要相当长的时间，而这期间如果极贫的灾民得不到及时的赈济，就有可能饿死或流向外地，于是就有了正赈之前的赈粥，以专门救济那些垂死之民，防止灾民饿死或变成流民，从而导致荒政指中国历史上救济灾荒的措施。在发生饥荒、战乱的年份，官府实施荒政能维护社会的稳定。

地方社会秩序不稳定。

俞大猷在落实这项荒政时，首先向百姓发出告示，让饥民在各自的乡里等着，而他则走遍各乡去赈济。俞大猷每到一乡，就集合当地老百姓，席地而坐，他逐人查看，凡是饥饿者，都给一票，让他们凭票到官府去领粮。这样就大大提高了赈济效率，使得赈灾之粮真正发到急需口粮的饥民手中。可见，俞大猷赈灾非常讲求实效，不唯传统的框架条例是从。

上书兵部献谋略

俞大猷是个具有远大抱负的人，他虽偏居于交通不便、信息闭塞的金门岛上，却能胸怀大局，放眼天下，密切关注国家大事。

安南莫氏事件是嘉靖朝前中期的大事，引发了朝野政军的多方关注。安南自秦朝并入中国，成为统一王朝里的一个地方政区，其后在中国历史发展的不同阶段，与中央政权的关系屡有变化，在明朝时为属国。弘治（1488—1505）、正德

（1506—1521）年间，安南黎朝逐渐走向衰落与动荡，宫廷政变与权臣谋反事件接二连三。嘉靖元年（1522年），安南黎朝昭宗迫于莫登庸的权势而出走，莫登庸取得统领全国军队的权力，并于嘉靖六年（1527年）成功夺得黎朝帝位，改元明德。嘉靖十五年（1536年），安南国内政局的变化引起明廷重视，是年冬，明朝的皇子出生，按礼制当颁诏安南。但当时嘉靖皇帝、礼部尚书夏言以及兵部尚书张瓒皆认定安南莫登庸“逆臣篡主夺国”，应当发兵征讨。在礼部、兵部官员一片征讨声中，也有一些务实的官员提出了反对意见，但均受到批评和责罚。嘉靖十八年（1539年）闰七月，明世宗命咸宁侯仇鸾、兵部尚书毛伯温南征。守御金门的俞大猷从到福建募兵的按察司佥事那里得知，毛伯温正在征询用兵之策，马上就写了《上两广军门东塘毛公平安南书》，明确提出“攻心为上，攻城为次”的用兵之策。

俞大猷认为自嘉靖十六年（1537年）以来，莫登庸已不断上表乞降，愿将本国土地、人民、户口听天朝处分。但如果明朝不派使者去，他的使者不敢来，双方没有沟通，那么他请降的真假也就不得而知。所以明朝要一方面陈列兵威，使对方承受巨大的心理压力；一方面则遣使数人直接去向莫登庸晓示利害，当面察看他是否真心归降。这样软硬兼施，如果能促使他真心归降，和平解决两国的问题，无疑是给天下生灵带来莫大的福祉，值得一试；要是莫登庸背约不降，那么亲临其地的使者也能侦知其国内虚实，有助于日后明军大举进攻，可一举取胜。但这样的使者非一般人所能担任，必须是学、才、节、识兼备者，且使者要能以国家生灵为念，置个人生死荣辱于度外。俞大猷请求自任使者，以身报国。

至于伐兵攻城之策，俞大猷提出用正兵二路，分别从广西和云南出发。另又分兵三路：其中陆兵一路，从广西进攻谅山等地；水兵二路，一路广东舟师自廉州、钦州出发，一路福建舟师直接进攻顺化等府。俞大猷还针对安南的象战、设陷阱等独特战术，也提出了具体的应对方法。在后勤接应方面，针对安南多崎岖山路、运粮困难的实际情况，他提出“猴传之法”。

当时廷臣一致要求用兵征讨，持反对意见者备受压制，在这种情况下，俞大猷仍坚持直抒己见，确实难能可贵，虽然他不能如愿成为派赴安南的使者，但已经表现出令人钦佩的大无畏精神。

后来的形势发展证明，俞大猷的主张是正确的。嘉靖十九年（1540年）秋，毛伯温率军进驻南宁，传檄安南民众，宣布明朝廷用兵的目的只是惩办“篡逆”的莫登庸父子，而且谕告莫登庸，如果他真的如降表所讲的真心归降，即可饶恕其罪过。面对明朝大兵压境的形势，识时务的莫登庸进入镇南关请降，向毛伯温奉上土地、军民籍，请奉明朝正朔，永为藩臣。明世宗大喜，命削安南国，改为安南都统司，授莫登庸为都统使。

民族英雄俞大猷紀念館

第三章

沿海抗倭扬威

俞大猷生活在一个抗倭形势严峻、迫切需要英雄的时代。抗倭战场为俞大猷提供了用武之地，而他也向国家提交了一份优异的成绩单。

倭警告急赴前线

中国人在古代称日本为倭。14世纪日本南北朝时，在混战中失败的武士成为浪人，与活跃于九州、四国间的走私商人勾结，在中国沿海进行走私、抢劫。这些人就被称为倭寇。倭寇中有不少日本武士，日本的俗语就说："杀人、劫财、强盗为武士习性。"明永乐十七年（1419年），总兵刘江于望海埚（在今辽宁大连东北）大破前来骚扰的倭寇，倭寇之势逐渐衰弱。15世纪后期，日本进入战国时代，一部分封建主与寺院大地主支持海盗活动，倭寇又趋活跃。16世纪中叶时倭寇最为猖獗。嘉靖二年（1523年），日本封建主大内氏与细川氏的贡使在宁波发生冲突，趁机大肆焚掠。明政府下令停止贸易。此后倭寇见中国沿海防务空虚，便勾结当地土豪、奸商、流氓、海盗，进行走私劫掠。明政府严禁海外贸易、捕鱼、交通，使倭患愈加严重。江苏、浙江、福建受害最烈，山东、广东也遭波及。

倭患在有明一朝长期存在，但倭寇真正成为明代的一大社会问题，却是在嘉靖（1522—1566）年间，史书上称之为"嘉靖大倭寇"。随着社会历史的发展，明代倭寇的性质也有所变化。不少人认为，嘉靖时期的倭寇可以嘉靖三十一年（1552年）为界，分为前后两个性质有所不同的阶段。嘉靖三十一年以后，由于日本封建主的插手和操纵，导致倭寇在中国沿海地区进行灭绝人性的烧杀。俞大猷的家乡泉州也是当时倭患重灾区之一，倭寇的罪行在泉州地方文献资料中俯拾皆是，甚至在泉州沿海地区的民间，至今还流传着源于明代嘉靖年间倭患的特异习俗，如泉港区的“做大岁”，惠安县的“吃大顿”“无头节”，石狮市的“洗街”，在惠安、晋江、石狮沿海还有“掷石战”等习俗。这些习俗都有一个共同的主题，即祭祀和悼念在明代嘉靖年间倭患中遇难的本宗族和同乡乡亲的祖先，以及抗倭牺牲的官兵，以此来增强本群体内部的凝聚力和亲近感。

俞大猷正是在嘉靖三十一年奉调走上抗倭前线的，当时的御倭形势已经十分严峻。

嘉靖二十一年（1542年），流窜于浙江的倭寇攻打杭州。嘉靖二十四年，倭寇又犯乍浦。嘉靖二十六年，海盗勾引倭寇巨船数十艘，驻泊于漳、泉海域，袭掠过往船只，引起闽南沿海居民恐慌。这年十二月，倭寇侵犯宁波、台州，大肆杀掠，官军莫敢抵御。为了解决浙江与福建二省因缺乏统一指挥调度而御倭不力的问题，朝廷于这一年任命巡抚南赣、汀、漳的左副都御史朱纨巡抚浙江兼管福建福、兴、建宁、漳、泉等处海道。次年，又给朱纨以旗牌，使其具有“便宜行事”的大权。朱纨任职之后，采取了一系列积极的防御措施，加强沿海防御，同时进剿盘踞在沿海的倭寇的据点，先后取得了双屿和诏安等大捷，将这些强盗赶出了浙闽沿海。但因为朱纨的军事行动侵害了闽浙沿海奸商及一些官员的利益，结果他被迫含冤自杀。朱纨死后，倭寇对沿海的劫掠更加猖獗。嘉靖三十一年四月，闽南漳州和泉州一带的海寇勾结倭寇万余人，驾船千余艘，自浙江舟山、象山等处登岸，一路杀来，对台、温、宁、绍一带大肆抢劫，攻陷城塞，杀掳居民无数，浙东大震。五月，倭寇又分兵劫掠吴淞所、崇明等地，历经数日才离去。

在倭寇如此猖狂的形势下，给事中王国祯和御史朱瑞于七月接连上疏，请求复设都御史，统一指挥调度。经吏、兵二部复议，皇帝于七月二十二日朝廷下达了任命巡视和参将的命令：改巡抚山东都察院右佥都御史王忬提督军务，巡视浙江，兼管福、兴、泉、漳地方；并设分守浙、直参将各一员，以琼崖参将署都指挥佥事俞大猷、中都留守司管操指挥佥事汤克宽担任，俞大猷主管浙江的温、台、宁、绍等处，汤克宽主管福建的福、兴、泉、漳等处，两个人都要受王忬节制。俞大猷到十月初才知道这一任命，军情紧急，他将工作移交后，十一月即走上抗倭的最前线——浙江东部沿海的温、台、宁、绍四府。

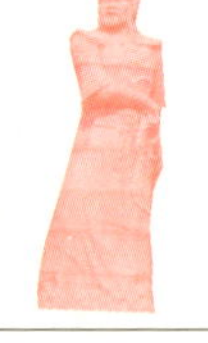

御倭三策

俞大猷奉命到浙东抗倭时，已是到了知天命之年的老将，他转战东南与西南，已积累了丰富的军事斗争经验，并且形成了一套独具特色的军事理论。一到任所，俞大猷就向上司王忬提出了御倭方略，主要内容就是“三御”——防御海洋、防御河港和防御沿海城镇。

防御海洋。俞大猷认为，当前在讨论防御倭寇时，都立足于陆地，即在沿海的山上安排戒备，居高临下，以阻止倭寇登陆。其实这种思路是不对的。因为海岸线漫长，不胜其备，非常被动，很难奏效。正确的方略应该是把防御前线推进到海上，要事先准备好海战用的战船和武器，严格训练官兵的海战技能，在防御战没开打之前，就已经有了胜算，使来犯的倭寇闻风而畏难退却。不战而屈人之兵，此乃用兵之上策。

防御河港。俞大猷说，倭寇入犯，由海岸登陆抢劫，为患相对较小，但如果由河港深入抢劫，为患就大多了。这是因为倭寇登陆之后，所乘之船要搁浅在岸边，得留人看守，而上岸抢掠的倭寇有后顾之忧，就不敢太深入，以免走太远了，就有可能在回来时丢失所乘之船，同时所抢之物也不易搬回，即使都能搬回来，由于船上装载量有限，也只能放弃部分货物；而从河港深入就不一样了，倭寇一旦深入到内地河港，就可以随时抢劫沿岸船只，抢到的船多了，劫掠来的货物就不愁载不回去，因此可以肆无忌惮地劫掠，这样为患自然比自海岸登陆抢劫来得大。所以，务必要在河港之处多设兵船，加强防守。

防御沿海城镇。防御海洋和防御河港，依靠的是水兵，同时俞大猷也注重陆兵的防守技能。他提出在杭州练兵5000人，使之能在各种地形作战，然后驻扎在杭州江口、乍浦、海盐、澉浦等地防守，另外在他负责的防区绍兴、宁波、台州、温州等地，也要各设陆兵，以备缓急之用。

对于俞大猷的上述御倭方略，王忬虽然没有全部采纳，但他开始在福建募船、募兵，逐渐增加沿海河港防守的兵船等抗倭措施，都是根据俞大猷的主张进行的。王忬很赏识俞大猷，认为他不是一般的将领，而是一位不可多得的将才，决意放手加以重用。

普陀山首战大捷

嘉靖三十二年（1553年）正月下旬，俞大猷上任才两个月，王忬即命令他去剿捕盘踞在烈港、与倭寇勾结的被时人视为东南沿海大海寇的安徽人王直。俞大猷觉得，当时从福建调来的兵船不过十多艘，浙兵数量也不足，因此向势力强大的王直武装集团发起攻击的条件尚未成熟。当时有人提议招抚王直，俞大猷得知后，也表示反对，他认为招抚固然也可以作为选项之一，但是如果没有绝对优势的军事实力作为后盾，像王直这样的人是不会轻易接受招抚的，一旦处置不当，反而会招来祸端。因此，俞大猷向王忬建议暂缓对王直采取行动。王忬基于对俞大猷的信任，没有强行督促，只是令他相机行事。

俞大猷像

经过耐心等待，俞大猷很快就迎来了适宜的战机。这年三月，王忬命令俞大猷进攻据守普陀山诸山的倭寇。

普陀山是当时倭寇盘踞的一处重要据点，这里的倭寇不仅劫掠附近百姓，还时常突袭明朝官兵。俞大猷领命，在汤克宽的协助下，利用黑夜掩护发动攻击。在进攻前，他已派人探明水道，了解普陀山的地理形势及倭寇在山上的结寨情况，做了充分的准备。当夜，俞大猷挑选了一支精兵打先锋。汤克宽率巨舰紧随其后，协助行动。战船一到岸边，俞大猷立即率军登上岛屿，按预先选定的道路，直扑倭寇营寨。平时与明朝官军交战如入无人之境的倭寇，此时正在酣睡之中，他们做梦也没想到，往日在战场上不堪一击的明朝官军会从天而降，突然出现在他们的面前，因此，事先并没有采取任何防范措施。俞军冲入倭寇营垒后，纵火焚烧，杀声震地。当倭寇从睡梦中惊醒后，只见火光冲天，一片混乱，措手不及，大都仓皇逃命。也有一些凶悍的倭寇抓到武器后，立即与明军对阵搏斗。武艺高强的俞大猷身先士卒，率兵强攻，愈战愈勇。这些倭寇还未遇过战斗力如此之强的明朝官军，一时傻了眼，不敢恋战，纷纷败溃逃跑。在明军的追杀下，只有少数漏网的倭寇奔向海边，仓皇中寻找未被明军毁掉的舟船逃命。俞大猷又率领官军下海紧追。汤克宽指挥的水军早已严阵以待，一声令下，官军的战舰冲向倭舟进行拦截，与俞大猷指挥的水军一道把这些残余的倭寇合围在海上。

就在战斗接近尾声之际，突然刮起飓风，一时天上乌云翻滚，海上波浪汹涌，明军的船只被吹得七零八落。俞大猷乘坐的战船也在波峰浪谷间颠簸不已，几乎就要倾翻，十分危急。附近的汤克宽见状，急命自己的战舰向他靠拢。他设法跳上俞大猷的战船，请俞大猷在这紧要的关头，赶紧祈求海神保佑。但在祭拜海神的过程中，大风巨浪仍不见减弱。船上的士兵因此断炊两天，十分绝望，以为将葬身海底了。这时，俞大猷表现得十分镇定，对身边的汤克宽等人说："我平生无所忧挂，今天如能与大家一起溺海，了却生命，无负大业，那是最痛快的了。"主将的这番达观豪迈、乐天知命的话，对当时稳定军心起了很大的作用。说来也是奇怪，不一会儿海上就风息浪止，一船平安。遗憾的是那些残余的倭寇却趁海上风大浪急、明军混乱之际，侥幸逃脱了。

这就是明代御倭史上有名的普陀山大捷，也是俞大猷奉调抗倭前线后与倭寇的首次交锋，明军大获全胜，斩首150多级，生擒143人，倭寇被大火烧死、海水淹死者不计其数。

后来俞大猷曾写了一首情调激昂慷慨的《舟师》，或可视为这次难忘海战的写照：

倚剑东溟势独雄，扶桑今在指挥中。
岛头云雾须臾净，天外旌旗上下冲。
队火光摇河汉影，歌声气压虬龙宫。
夕阳影里归蓬近，背水阵奇战士功。

这是我国最早描写海战的一首七言律诗，它描绘了明代水师抗倭将士的高昂士气和战斗豪情。诗人作为指挥海战夺岛歼倭的主将，在诗中表达了必胜的信心、胜利的喜悦，以及对麾下有功战士的嘉奖。

再战烈港传捷报

一个月后，俞大猷再战烈港，又传捷报。

烈港所在的金塘岛为舟山第四大岛，靠近宁波，港口和岸线资源在古代都比较适合泊船屯聚、走私贸易。嘉靖二十七年（1548年），王直收集许栋余党，自作船主，改屯烈港。其后他又用计掩杀屯于长涂岛的广东海盗头子陈思盼，并占其巢。从此王直的名气震于海上，往来的海商与海寇均要受其节制，否则难以在海上生存。王直曾以剿灭海盗之功要求官府开通互市，遭到拒绝。于是他就以烈港为据点，分掠浙江滨海郡县。嘉靖三十一年二月，王直勾结倭寇进犯镇海关，失败后退回烈港。

在此期间，进攻烈港的时机已经逐渐成熟。嘉靖三十二年闰三月，明军准备进攻烈港。烈港地形复杂，涨潮时海水向东流，退潮时海水则向西流。船只在不同的潮汐时间，可由东、西两个方向进出。根据烈港的地形及水路特点，王忬令俞大猷和汤克宽分为二哨，俞大猷由列表门进，以当其前；汤克宽由西后门进，以防其逃。前后合围进攻，如不出意外，敌人是难以逃脱的。

俞大猷于闰三月初六督兵船出发，初七泊于金塘岛的木澳，与贼巢仅隔一山。初十，侦察敌情的士兵回报：敌人在整理帆具，并往船上装货。俞大猷判断应是王直见势不妙，要放弃巢穴逃跑。于是他赶紧命令对金塘岛地理环境十分熟悉的侯得等人潜入敌营，约定第二天举火为号，发起攻击。十一日凌晨四更时分，侯得等人四处放火，顿时敌营烟焰蔽天。俞大猷一见到火焰，立即率船队发起进攻。明军战船奋勇前进，砍断敌人的外栏篾缆，冲倒敌人的哨马船，猛攻敌人的主战船。面对明军的夜袭，没有准备的敌人乱成一团，很快溃败，狂奔下山入海逃命者有数百人。就在这关键时刻，海战中最令人担心的天气问题出现了，海上狂风大作、波浪翻滚，整个战场的形势一下子被打乱了，俞大猷的船队被冲散，王直带着残兵败将趁机突围。

在十一日的战斗中，有一位叫叶七的普通士兵值得一提。海战中俞大猷的战船不慎被敌人的船缆勾住，无法行驶，在这危急之际，叶七立即拿起斧头，跳入海中砍缆。他的头部被刺7枪，血流如注，仍坚持搏斗，将缆绳砍断，终于使俞大猷的战船脱险，而他自己却壮烈牺牲。叶七在危急时刻主动挺身而出、舍命救主将的感人事迹同时也说明了俞大猷治军有方。

第二天，俞大猷收拢兵船，在岛杵山一带集结，而王直已逃往马迹潭。

烈港之战明军虽然获胜，攻破王直长期盘踞的金塘岛，歼灭了部分海寇，但因天气恶劣而功亏一篑。

明军官兵奉命继续追剿残敌。四月十四日，汤克宽进攻逃至马迹潭的海寇，大破贼巢，王直败逃南直隶。俞大猷紧随其后，穷追不舍，终于赶上，经过激战，俞军又杀敌无数，王直拼命突围。这时王直在中国沿海已无立足之地，只好带着剩下的100多人，逃往日本萨摩洲松浦津，得到了肥前国大名松浦隆信的庇护。

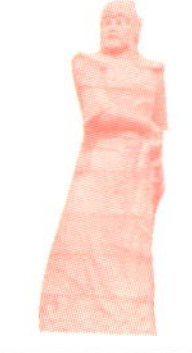

剿除王直的战役告一段落后，俞大猷又马不停蹄，率军继续追剿其他倭寇。

嘉靖三十二年四月二十四日，倭寇攻陷临山。俞大猷与都指挥刘恩至奉命救援，大败倭寇，俘虏及斩首300多人。

五月，倭寇进攻新河所，俞大猷率兵在海上截击，打败敌军，俘斩甚多。

八月，一股在南直隶战败的倭寇逃至浙江普陀山，占据险要，建立新的据点。俞大猷率兵进剿，于八月二十二日夜发起攻击。敌人败走茶山。第二天，俞大猷率兵四面围攻茶山，终于将这股逃窜的倭寇全部消灭。

嘉靖三十三年三月，一股在太仓溃败的倭寇突围，逃至普陀山。俞大猷率军进剿，但因倭寇有所防备，再加上天气突变，故出战失利。俞大猷认真总结教训，于四月转战吴淞所，率水军与进入吴淞江的16艘倭船对阵，大获全胜，击沉倭船11艘，斩首254级。

十一月，俞大猷又在绍兴一带追击倭寇，斩杀倭寇200多人。

后来俞大猷回顾其在嘉靖三十二、三十三年这两年间的战斗历程时说：

> 督水陆官兵在于松门、普陀、烈港、昌国、观海、柯桥等处海洋地方，陆续擒斩倭寇共一千余名颗，沉水者不计。

俞大猷抗倭屡获大胜，很快就扭转了以往明军贪生怕死、畏缩不前、屡吃败仗的被动局面，使倭寇再也不敢进犯宁、绍、温、台四府。俞大猷出色地履行了自己左参将的职责，保卫了当地人民的生命财产，维护了当地社会秩序的安定，这在当时的历史背景下，是很了不起的功绩。

剿倭又捷王江泾

俞大猷在浙江沿海抗倭前线取得一系列胜利后不久，朝廷的人事任命出现了新的变化。嘉靖三十三年五月，明廷命南京兵部尚书张经以原职务兼都察院右副都御史，总督南直隶、浙江、山东、两广、福建等处军务。六月，明廷改王忬为右副都御史，巡抚山西大同，并升徐州兵备使李天宠为都察院右佥都御史，代王忬巡抚浙江和南直隶。十月，俞大猷升任提督，兼南直隶、金山等处地方海防副总兵。

南直隶是明代位于南方、直隶中央六部的府和直隶州的区域总称。

俞大猷到职后，即向张经和李天宠阐述他的御倭方略。其内容与前次向王忬讲的大致差不多，主要还是御海洋、御河港等，同时根据近年的实战经验，又提出御内河，而且在具体措施的阐述上更为详细。俞大猷提出，可用兵船10大支，每支用大船10只、中小船20只，分别埋伏在马迹、瞿山、阳山、石牛港、沈家门、海闸门、九山、潭头、玉环、南麂等海岛，在倭寇初到、立足未稳之际，马上给予迎头痛击，使敌船难以集结，避免其进一步侵犯内地。在御河港方面，对于沿海一些无避风功能的大澳和容船不多的港口，如乍浦、澉浦等处，各设大船6只、中小船15只；而对不畏飓风、容船较多的港口，如鳖子门、定海、海门等处，则应各设大船20只、中小船40~50只。有了这些分布在沿海各港口的兵船作为一道防线，敌人自然不敢

靠近。俞大猷要在海洋、河港和内河设置三道防线，层层堵截，在来犯的倭寇侵入内地之前就把他们消灭。同时他也提出了加强沿海城镇防守的意见。遗憾的是，当时张经等人对此并没有给予足够的重视。

俞大猷到职后不久，手下只有300人，急于做出功绩的总督张经再三催促他出战歼倭。其时倭寇势力正盛，多达2万余人，兵力悬殊如此之大，这样打仗无异于送死。俞大猷认为时机尚未成熟，不愿意打没把握的仗。虽然张经大怒，但俞大猷仍坚持认为，如果这样贸然出战，势必损兵折将，也是一种罪过，且有害于东南御倭大局，因此拒不从命。后来张经冷静下来，也认识到俞大猷的看法是有道理的，就不再强令进攻，而是采纳了他的正确建议。在上司的支持下，俞大猷调集各地的精兵强将，准备对盘踞在上海柘林、川沙洼一带的倭寇，进行一场全面围剿。

嘉靖三十四年（1555年）四月十七日，调来的各路陆兵陆续到达，张经即下令准备进剿倭巢。盘踞于柘林的徐海探知明军来剿的消息后，急忙收缩兵力，将屯驻于老鹳嘴的倭寇并入柘林，同时又派兵四处骚扰掠劫，以牵制明军。

四月十九日，柘林倭寇3000余人进攻金山卫，俞大猷督游击白泫及田州土司首领瓦氏夫人抵御。经过一番激战，各有胜负。倭寇即窜入浙江，经乍浦、海盐，进犯嘉兴。张经命卢镗督保靖兵增援嘉兴，倭寇又向北流窜，企图进犯苏州。张经与俞大猷星夜赶往苏州，敦促苏州的永顺兵出战。四月二十五日，卢镗与海盐兵围歼倭寇于石塘湾，杀敌数百。余倭向北逃窜，俞大猷率永顺兵迎击，大败余倭于平望。在各路明军的沉重打击下，接连吃败仗的几路倭寇，于四月底五月初纷纷逃往王江泾。

五月初一，当倭寇流窜至王江泾时，明军趁其惊魂未定、立足未稳之机，立即分路进逼。俞大猷所督的永顺兵在北面追击，卢镗所督的保靖兵在南面截击，汤克宽所率的水师从中路进击，形成三面包围之势。其他各路军队也纷纷赶来，张经亲临战场指挥，明军开始发动强攻。陷入重围之中的倭寇，因连战连败、疲于奔命、又馁且病、丢盔弃甲，已基本丧失了战斗力，四散而逃，或伏地受刃，或哀乞饶命。王江泾之战成果辉煌，歼灭敌人1980余人，焚溺死者甚众，倭寇只剩下几百人逃回柘林。这是倭患发生以来明军取得的最大一次胜利，极大地鼓舞了明朝官军的抗倭士气及广大民众的抗倭勇气。

王江泾大捷的总指挥是总督张经，而俞大猷所督的永顺兵在战斗中发挥了关键性的作用。战后俞大猷在总结这次战斗时曾说：

> 倭贼为永顺兵杀败，走回王江泾，被各兵图杀一千余功，永顺兵追至，尽灭之矣。此举成功实由永顺之兵首破贼锋所致也。

移镇福建捷平海

嘉靖四十一年（1562年）十一月二十九日凌晨，俞大猷的家乡福建发生了一件震动八闽乃至全国的大事：兴化府（今福建省莆田市）府城被倭寇攻陷。倭寇侵扰中国多年，县城、卫城、所城被攻陷不少，但府城被攻陷还是第一次，说明抗倭形势日益严峻。为此，福建巡抚游震得被撤职，令其戴罪立功，由谭纶接任巡抚，同时调动新任福建总兵俞大猷和副总兵戚继光迅速入闽支援。

兴化原属泉州，至北宋初年才自泉州改归兴化军，元代称兴化路，明代称兴化府，历史上泉州与兴化的关系十分密切。俞大猷获知兴化府城沦陷的消息，心急如焚，他认为，既然兴化府城可被攻陷，那么福建全省的府城今后都有可能沦陷，因此，应举全省各府、州、县之力，共灭这些倭寇，以消除日后的倭患。他甚至还认为，有必要让全国各省都出兵输粮，帮助剿灭这些倭寇。这些倭寇如不及时剿灭，必然会助长其嚣张气焰，这样浙江、南直隶、福建、广东沿海各府均很难保全。因此，俞大猷一接到援闽的命令后，立即率领所招募的6000名士兵，昼夜兼程赶到兴化府江口，与先前应福建巡抚游震得的请求从江西赶来援救兴化的刘显军队联营驻守。面对眼前的倭寇，俞大猷提出了“先计后战，不贪进攻”的战略方针，力求“不打则已，打则必胜，力求全歼”。他分析了敌我双方的力量对比，认为这股倭寇有万余人，气势正盛，虽然明军的兵力也差不多，但如开战，获胜的可能性也大概只有百分之五十，不如列阵围困他们，等待来自浙江的戚继光援军。戚继光的援军到后，敌我双方的力量对比将发生变化，那时的军事形势将有利于明军，敌寡我众，敌饥我饱，敌劳我逸，从而可把敌人一举歼灭。俞大猷制订的作战方针，得到了谭纶与刘显的赞同。

嘉靖四十二年（1563年）正月二十九日，因城内掠夺已尽，倭寇主动放弃兴化府城，南窜岐头，结巢为营。都指挥欧阳深率兵追剿失利，倭寇乘势占领平海卫，企图夺船出海。俞大猷和刘显见状，马上跟踪进迫，分别驻扎于秀山和明山两地，列营围困。他们在陆上挖沟筑垒建排栅，以防敌人从陆路逃跑；在海上派许朝光

和刘文敬各率水军巡逻于平海卫外海，以防敌人从海上逃跑。

戚继光在浙江得到入闽支援剿倭的命令后，在义乌募得新兵万余人，直奔福建，一路上边行军边练兵。四月初八到达福州。十三日抵福清。这时俞大猷、戚继光和刘显三支军队已在兵力上对倭寇占绝对优势。

占据平海卫的倭寇得知戚继光率万余援军入闽，大为吃惊，匆忙于四月十六日调遣32只大船及小船，要把劫掠的大量财物护送回日本。但在海上受到早已严阵以待的明朝水军的截击，只好又返回原地。逃走未成，倭寇就对军事部署做了调整，分兵3000人移驻于渚林以南的许家村据险结巢，其目的有二：一是作为掩护平海卫的一道重要屏障，二是一旦平海卫战败，还可以有一条退路。对于平海卫来说，许家村的地理位置十分重要，乃扼平海卫之咽喉，后来平海卫惨败的残余倭寇突围后即直奔许家村，说明他们早有这个预案。

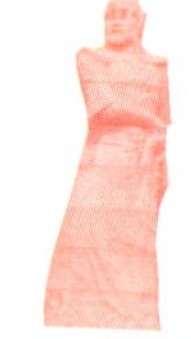

四月二十日，谭纶在渚林召开军事会议，决定发起平海卫决战。在具体作战方略上，明军兵分三路：戚继光统督的军队为中路；俞大猷统督的军队为右路，另以把总杨文、陈岂可、蒋伯清和傅应嘉所部佐之；刘显统督的军队为左路，另以把总乐埙、陈仓所部佐之。戚继光从正面攻击，俞大猷和刘显从两翼攻击，最后围歼倭寇。进剿开始的时间定为四月二十一日。

该日凌晨，戚继光、俞大猷和刘显三部同时出击。戚继光部于天微亮时迫近敌巢，倭寇发现后即以2000人迎击，其前锋战马被戚继光部前队火器所发出的震天炮声所惊，四处乱窜，倭寇阵势大乱。戚继光趁机发起猛攻，俞大猷和刘显二部则从左、右两翼进攻。明军人多势众，又经过短期整顿训练，锐气正足，而倭寇在被明军长期围困的情况下，饥寒交迫，士气低落，战斗力迅速下降，结果在决战之初即溃不成军，伤亡惨重。残余倭寇败退回许家村据点。明军乘胜围歼，采用火攻杀进许家大巢。此次战斗从发起攻击到结束，只用了四五个小时，歼灭倭寇2200余人，救出被掳男女3000余人，平海卫胜利收复。原盘踞在政和、寿宁等地的倭寇，本来打算要南下与平海卫倭寇合流，听闻平海卫被克的消息后，纷纷作鸟兽散，福州以南的沿海各地倭患也基本上就此平息。

平海卫大捷是抗倭战争史上罕见的速战速决歼灭战。戚继光英勇善战，首登敌垒，为战斗的胜利发挥了重要作用，战功应予以充分肯定。俞大猷则是平海卫之役战略方针的实际制订者。他率军入闽后，不急于求功而贸然进击，而是在了解敌我双方力量后，做出“迟战有利，速战不利”的正确判断，贯彻了他一贯的“不轻易战，战则必胜”的指导思想，力求在有把握的情况下一举全歼敌人。他意志坚定，顶住各种压力，在大决战前即围困、拖垮了倭寇的有生力量，为最后大军合击、全歼倭寇奠定了基础。俞大猷在平海卫大战中与戚继光默契配合，表现得相当完美。

改镇广东息倭患

平海卫大捷后，俞大猷返回原驻地伸威城，任南赣汀漳惠潮总兵，第二年改镇广东。

在浙闽倭患严重时期，倭寇也曾侵扰过广东，但基本上都是为抢劫财物而在各地游走，尚未酿成大患。但其后情况有了变化，嘉靖四十二年，屯驻在广东省潮州府南部潮阳、揭阳二县的

明代广东南澳总兵府所在地

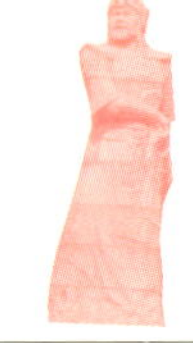

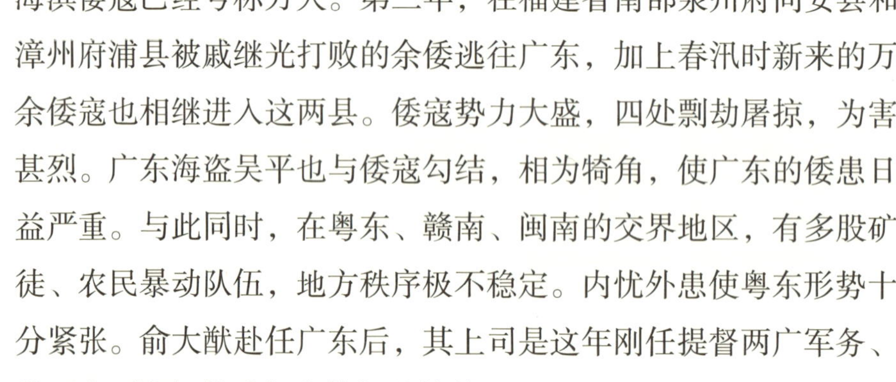

海滨倭寇已经号称万人。第二年，在福建省南部泉州府同安县和漳州府浦县被戚继光打败的余倭逃往广东，加上春汛时新来的万余倭寇也相继进入这两县。倭寇势力大盛，四处剽劫屠掠，为害甚烈。广东海盗吴平也与倭寇勾结，相为犄角，使广东的倭患日益严重。与此同时，在粤东、赣南、闽南的交界地区，有多股矿徒、农民暴动队伍，地方秩序极不稳定。内忧外患使粤东形势十分紧张。俞大猷赴任广东后，其上司是这年刚任提督两广军务、兼理广西巡抚的兵部右侍郎吴桂芳。

面对当时的形势，俞大猷按照以前的用兵习惯，遵照《孙子兵法》中所说的“以谋为上”“先谋而后动”，提出了安定地方的策略：当务之急为剿倭，其次才是平定勾结倭寇的吴平和矿徒、农民暴动。具体做法就是离间吴平与倭寇，各个击破，而对矿徒和农民军，则加以招抚，把影响社会稳定的力量转化为维护社会稳定的力量，令其抗倭，一举两得。根据这一策略，俞大猷首先招抚了长乐、海丰之间伍端的矿徒队伍，精选其中的2000人，开赴粤东潮阳的抗倭前线。接着，俞大猷又招谕程乡蓝松山、余大春的队伍，让他们退避山中，不与明军为敌。对与倭寇勾结的吴平，俞大猷也采取招抚的办法，基本上控制了吴平，暂时割断了他与倭寇的联系。通过一番分化瓦解，就使粤东潮、揭地区的倭寇处于孤立的困境，为明军其后的歼倭战斗创造了有利条件。这样，俞大猷就可以集中精力对付倭寇了。

在进剿倭寇的军事方略上，俞大猷认为，这些倭贼都是亡命之徒，以死战为生路。对于入侵犯境的倭寇，绝不可轻敌大意，应当调集精兵，以优势兵力，杀得他们片甲不留，才能迅速解决倭患。于是，俞大猷先后从家乡福建请调闽兵14000人，加上他原有的1000余人，共15000余人。但俞大猷所能直接指挥的总兵力仍然少于对手。因此，总督吴桂芳又把交给他指挥的狼兵2哨和参将王诏的1哨从惠州调到揭阳，准备共同围歼倭寇，同时将广州的水兵调集海岸边，并重点驻守柘林港，以防失败的倭寇从海路遁逃。这个军事部署相当周密。

嘉靖四十三年（1564年）三月初，俞大猷所调官军已先后到达，剿倭之战是从邹塘之战开始的。受招抚之后的伍端军队，纪律严明，作战勇敢，在剿倭战斗中担任了先锋的重要作战任务，仅一昼夜即连续攻克倭寇3处巢穴，斩首400余级，战果辉煌，令交手过的倭寇闻风丧胆。邹塘之战的胜利，使明军的军事行动取得了开门红。俞大猷转而把主要的攻击对象指向屯于芦清、洑水的倭寇。他准备集中优势兵力先攻芦清之敌，但又恐洑水之敌偷袭其后。总督吴桂芳要求先打洑水之敌。俞大猷决定采取声东击

西之计，先虚张声势，使倭寇误判芦清为明军的首攻之地，从而加强防守。于是，明军与倭寇在芦清展开了拉锯战：明军进攻，倭寇固守营巢不出战；明军佯退，倭寇即打开寨门追赶。明军立即回身反击，倭寇又赶紧缩回，紧闭寨门继续固守。如此反复数日，芦清被困的倭寇一时进退失据，最后不得不全力防守，龟缩不出，这样就成功地把倭寇的主要注意力吸引到芦清。而俞大猷立即抓住战机，集中主力部队，突然对浈水之敌发动猛攻。这股倭寇仓促迎战，结果大败，俞大猷乘胜率兵追击，共杀敌1400人。

这时，正在芦清固守的倭寇，见浈水的倭寇被歼灭，惊恐万分，抢在俞大猷回军攻打芦清之前，匆忙逃命，一昼夜狂奔200里，逃到崎沙、甲子一带，夺船出海。当时海上正刮狂风，倭寇乘坐的船只多数被波涛吞没。侥幸逃生的倭寇再次登岸，占据金锡都。俞大猷的追兵随后赶到，将其围困了两个月。六月二十日深夜，饥疲不堪的倭寇突围逃走。俞大猷立即督促汤克宽、王诏诸将率兵追赶，很快就在九龙山一带追上这些败寇。两军交战，这些被困已久的倭寇斗志全

纪念俞大猷平息广东张琏寇乱的摩崖石刻

无，被擒斩1300多人。明军无一阵亡，仅伤二三人而已，打了一场漂亮的追击战。

俞大猷在清理战果时发现，与以前的剿倭战斗相比，这次战斗消灭的倭寇，以真倭（相对于成分为汉人的“从倭”或“假倭”而言）居多，尤其是最后被消灭的倭寇，全是真倭。这股倭寇除被明军擒斩的1300多人外，尚有漏网的一小部分人逃入大山。俞大猷继续派哨探跟踪搜索，加以剿灭。

随着广东这股势力较大的倭寇被俞大猷扫平，明朝嘉靖年间的倭患也基本平息。这年九月，俞大猷因在广东的破倭之功，受到朝廷奖赏。

嘉靖四十四年，俞大猷与亲密战友戚继光再次联合作战，在南澳打败受招复叛的吴平军队，将其主力消灭殆尽。嘉靖四十五年，吴平的残余力量逃入安南境内，被明军追击歼灭。至此，勾结倭寇的吴平被彻底歼灭，其余党曾一本也于隆庆三年（1569年）被俞大猷指挥的明军打败，曾一本被活捉。东南沿海的倭患就此平息了。

隆庆三年八月，俞大猷因平定曾一本之功，被破格晋升为右都督（正一品）。这是俞大猷戎马生涯中担任过的最高官职。

鎮海

第四章

受辱不渝初心

俞大猷一生身经百战，声名显赫，但却仕途多舛，时而颇受重用，屡立战功；时而蒙冤受辱，乃至系于诏狱。虽然他历经坎坷沉浮，先后七次受辱，仍然不渝忠诚许国之初心。

直言时弊被免职

嘉靖十四年（1535年），俞大猷晋升泉州卫前所署正千户，受命守御金门，政绩斐然。但奇怪的是，在金门任上口碑颇好的俞大猷，却在5年后被夺职，回到泉州老家。这是怎么回事呢？

原来，此前俞大猷曾向佥都御史陈伍山先后写了两封信，对于当时明朝军队中存在的问题和如何用兵官澳提出了自己的看法。第一封信为《上佥宪伍山陈公条陈用兵二弊二便书》。俞大猷认为，当时之所以不能成功地捕获海寇，是因为存在着两个弊端：上不能用将，将不能用兵。上不能用将，主要表现为择之不慎、责之不专。当有海盗骚扰事件发生时，任用的将领，往往是不知兵法、不懂应对的徒有虚名的军官；所任命的官员，又朝三暮四，职责不清，政出多门，人心不齐。将不能用兵，主要是无智无勇。所任用的那些不称职的将领以身家念重，师出无律，兵心不齐，同样也难以打胜仗。针对当时用兵存在的“二弊”，俞

金门俞大猷题刻“虚江啸卧”

大猷又提出了用兵的“二便”之策：一是对于堪当其任的将领，要十分隆重地举办任命仪式，对其高度信任，交给他予夺之权，而不能像呼唤小儿一样随便；二是要赏罚分明，不惜费用，激励大家同赴水火、奋勇杀敌。

第二封信为《又呈画处官澳三策》。俞大猷针对如何处理位于金门东北的官澳之“贼”提出三种办法：其一，不主张征船数十艘，征兵数百人，水陆同时进剿。按这种方法，虽然有可能在十日之内奏效，但会伤及无辜；其二，也不主张由自己亲自带领250名精兵与劲兵突然袭击，这虽有可能在一个月之内见效，但采用这种方法也无法从根本上解决问题，旧“贼”难以根除，新“贼”又复萌生；其三，不动用一兵一船，由俞大猷本人携妻子作人质镇守官澳，在当地实行德政，以感化官澳之“贼”归化向顺，安生治业。但采用这种办法，需要3个月方能见效。显然第三种办法风险较大，但俞大猷在后来其他地方曾有过成功的实践。

俞大猷在这两封信中针对时弊提出的见解无疑是正确的。但是，昏庸的陈伍山不仅没有采纳这些建议，相反，竟然以俞大猷身为低级别的武官、却越级上书为由，给予杖击和夺去官职的处分。

本来是出于忠诚许国之本意直言时弊、恭陈良策，竟然受到如此不公正的对待，这是俞大猷没有想到的。罢掉千户之职是对俞大猷的一次打击，但他却坦然处之，并没有因此而怨天尤人。他不记私怨，多年以后在松江遇到陈伍山时，尽管这时他的官职已不是当年陈伍山所瞧不起的千户官了，但是俞大猷还是以师礼相待，笑称当时如果不是陈伍山让他离开，他就有可能会长期留在金门岛上，难以有后来较快的发展机会。他能从另一个角度来看待这件事，不同俗见，其宽阔的胸怀确实让人佩服。

功著受累未晋升

俞大猷的第二次受辱发生在嘉靖二十八年（1549年）。

经浙江巡抚朱纨的推荐，俞大猷于这一年被朝廷任命为福建备倭都指挥，准备去福建剿倭。此前俞大猷为广东都指挥使司军政佥书，署都指挥佥事。他正要前往赴任，这时情况又有了变化。这年四月，提督两广军务兼巡抚的欧阳必进因安南范子仪入寇，内犯钦州和廉州，两地危急，一时手下缺乏足以承担抵御重任的将领，遂上奏朝廷，说俞大猷谙习水军、智勇素著，是一位难得的将才，现福建倭患已稍缓，要求把俞大猷仍留本省，专门负责钦、廉二地的军事防守与征讨。朝廷回复同意俞大猷仍留两广，并由广东新兴、恩平移驻广西钦州、廉州。

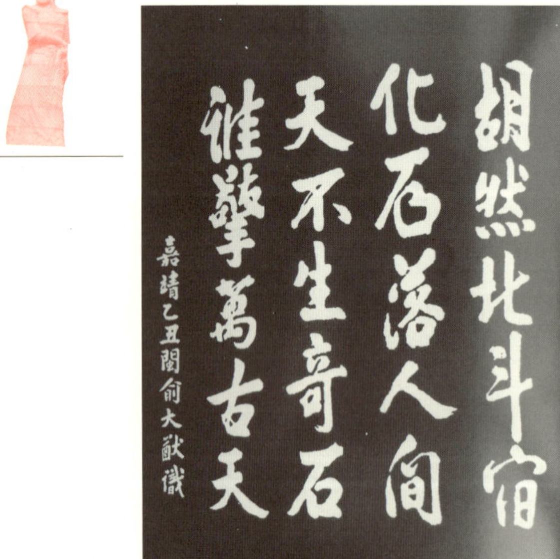

广东七星岩俞大猷题刻

对于安南的内部情况及其与明朝廷的关系，俞大猷是有所了解的。早在嘉靖十八年（1539年），他就在金门任上提出过切实可行的征讨安南之策，其策略后来经实践证明是正确的。10年过去了，现在要调俞大猷去抵御来犯的安南军队，确是十分妥当的人选。俞大猷得知官府正在调集军队，准备从陆路抗击范子仪入侵后，并不同意，认为安南寇自海上来，如在陆上抵御，敌人灵活主动，而我军则十分被动，应该调集水军从海上歼灭来犯之敌。俞大猷还提出调用东莞的大乌船、贮备充足的火药和出海3个月需用的生活物品等战备措施。

俞大猷到廉州时，因调集的水军尚未到达，故先以缓兵之策稳住敌军。待所调的水军到达后，俞大猷设伏待击，发起进攻。初战杀敌27人，缴获敌船210艘；再战斩敌811人，生擒贼首及徒党近300人，缴获敌船73艘，大获全胜。范子仪逃往安南内地，被安南莫氏政权捕杀，其首献于明廷。

此战再次显示了俞大猷卓越的军事才能。但由于权相严嵩的压制，在此战中战功卓著的俞大猷只得到50两白银的奖赏而已。

其实，俞大猷并没有直接得罪严嵩，而是受到了间接的牵连。俞大猷的上司欧阳必进是严嵩的小舅子，但他廉洁奉公，并没有因为这层亲戚关系而对部下严效忠（严嵩的孙子）特别关照与栽培，因此严嵩怀恨在心，寻机报复，有意贬低这次战役的战果和意义，导致俞大猷也不能因功而升迁。

得罪权相夺世荫

俞大猷的第三次受辱是因为得罪严嵩及其义子工部侍郎赵文华。

王江泾之战是倭患发生以来明朝军队取得的最大一次胜利，战果辉煌，斩敌首1980余级，而俞大猷指挥的军队在其中两次关键性的战斗中就斩敌首近400级。

但战后由于严嵩的义子赵文华向朝廷报告，说这次胜利是浙江巡按御史胡宗宪奉命率浙兵、乡兵等赶往王江泾会剿，巧施投毒计所致，从而把俞大猷的功劳全部抹杀。朝廷对王江泾之捷论赏时全听赵文华、胡宗宪的一面之词，赐赵文华大红金彩锦纱衣1袭、银60两；赐胡宗宪彩缎2表里、银30两；瓦氏夫人及孙子岑太寿、岑太禄、永顺宣慰使彭翼南等4人也获得了相应的奖赏。而王江泾之战的总指挥张经则含冤而死，功绩一笔勾销，他所重用的得力将领俞大猷的抗倭功绩也被抹杀，不仅没获奖赏，朝廷还根据李天宠的参奏，要俞大猷为金山卫作战失利负责，剥夺官职，让他戴罪杀敌。

金山卫作战失利的主要原因是敌众我寡。当时柘林倭寇出动了3000余人来进攻，俞大猷指挥的军队先胜后败，结果倭寇窜入浙江。从王江泾之战的整个过程看，这样的处分对俞大猷是很不公正的，但他不计个人得失，不渝报国之心。在给好友薛南塘的信中，俞大猷谈了对自己"居此位遭此厄"的看法：

> 自有天地国家以来，许多贤人君子、志士仁人，居此位遭此厄。生于此等义理，得诸君讲论有素，平生未尝少负，敢于今日有负哉？生受地方重寄，不能设策灭寇，坐以重罪，何说之辞？幸主上圣明，不即加诛，容令自赎，则报国未尽之心，平生未行之志，犹不自此遂已，岂敢悻悻然自弃沟壑，付天下事于必不可成哉？

信中看不到怨气，反而有自责之意，并且对朝廷给了他一个戴罪杀敌、以尽报国之心的机会而感恩。

俞大猷受处分后没几天，即率领水军频频出击，连连获胜：陆泾坝之战，和任环所率官兵斩倭首300余级，焚倭舟30余艘；攻打三丈浦倭寇的战斗，斩倭首130余级，冲沉贼船7艘；马迹山之战，擒获倭寇头领滩舍卖等57人，斩倭首93级；茶山之战，纵火焚倭船5艘，追击逃走马迹山、三板沙的余寇，再沉倭船3艘，共斩倭首67级；和佥事董邦政各率所部水军在海上分头攻击柘林倭寇，斩倭首70余级，缴获倭船9艘。

但让俞大猷没想到的是，这一连串的胜利，不但没有得到朝廷的赏赐，反而因为都察院左都御史曹邦辅的上疏，自己受到了更加严厉的处分。

嘉靖三十四年（1555年）十月初五，曹邦辅上疏朝廷，指责副总兵俞大猷、把总刘堂拥兵观望，防御不力，任贼聚集，导致川沙洼的倭船已聚集了40多艘，且后续不断，应究治其罪。结果朝廷把俞大猷以“纵寇”的罪名逮捕惩治，还革除了俞家承袭的百户祖职。

俞大猷这次受惩处的根本原因，就在于他得罪了权相严嵩。

早在6年前，俞大猷就因提督两广军务兼巡抚欧阳必进与严嵩微妙复杂的关系而受牵连，战功显著而无晋升。在倭寇以柘林为巢时，俞大猷曾论柘林用兵十难。有人将这篇论述送给了内阁大学士徐阶。严嵩得知后，对此怀恨在心。原来，明代中期朝廷各派政治势力的争斗，主要集中在抢夺位尊权重的内阁首辅一职，严嵩于嘉靖二十七年（1548年）以阴谋手段坐上首辅交椅，把持内阁达15年。当严嵩专权时，礼部尚书兼任文渊阁大学士徐阶起初不肯依附严嵩，导致处境一度十分危险，于是改变策略，才得到信任，并讨得皇上的喜欢，地位仅次于严嵩。张经被冤杀之后，抗倭形势一度趋于严峻，明军不断失利。当时赵文华为取得严嵩的欢心，即设法陷害俞大猷，在背后指使都察院左都御史曹邦辅弹劾俞大猷，把明军抗倭失利的责任全都推到俞大猷的身上。严嵩马上以此为由，要派人逮捕俞大猷进京治罪。朝廷一些主持正义的大臣纷纷为俞大猷鸣不平，俞大猷最后虽免被捕入京受审，仍留在抗倭前线杀敌立功赎罪，但也受到了革除祖职等严厉的处分。

嘉靖三十五年三月，为扭转抗倭前线的不利形势，皇上同意兵部的意见，罢黜毫无作为的浙江总兵刘远，由俞大猷接任。

俞大猷上任后，马上督率明军进攻，先后在淞江口、营前沙、茶山等地大败倭寇，擒斩倭寇900多人。另与苏松海防佥事董邦政一同率军截击侵犯南直隶西庵、沈庄、清水洼的倭寇，杀敌350多人，倭寇败走陶山。此战胜利后，朝廷在五月恢复了俞大猷的祖职，总算还了俞大猷一个公正。

莫须之罪系诏狱

由于直浙总督胡宗宪的诿罪，俞大猷第四次受辱。

胡宗宪于嘉靖三十三年（1554年）四月出任浙江巡按监察御史，曾奉命率浙兵、乡兵参加王江泾会剿倭寇的战斗。赵文华督察军务时，胡宗宪即依附他。张经督军取得王江泾大捷，赵文华归功于胡宗宪。赵文华劾罢李天宠后，胡宗宪继任浙江巡抚，后又代杨宜为总督。

嘉靖三十七年二月，根据皇上谕旨，胡宗宪决定组织一次较大规模的战役——岑港之役，以剿灭盘踞岑港的倭寇。具体部署是兵分五路：水师分两路，以总兵俞大猷等率福船往来策应；陆兵分三路。整个战场的指挥由总督府的中军都司负责。

三月，战斗开始。岑港位于舟山西部，山高路险，地形复杂，明军几次进攻受阻。这时又有大批倭寇从日本随季风乘船来到浙江沿海，分兵两路：一路与岑港倭寇会合顽抗，另一路进犯温州、台州等地，大肆劫掠。一时形势甚为紧张，浙江、福建各地倭患不断，明军不得不分兵应对。对于岑港的倭寇，只能暂时围而不攻，等待战机。因此，围剿岑港倭寇的战事，延续数月未见分晓。朝廷见岑港倭寇迟迟没有剿平，即诏夺总兵俞大猷、参将戚继光、把总刘英职级，限期一个月之内荡平，如过限无功，就要拘捕至北京问罪。

明代大福船

围剿岑港倭寇的战事不能按预期顺利推进，原因是多方面的，如要追究责任者，首先也应该是负责整个战役指挥的中军都司和总督胡宗宪。但他们并没有受到任何处分，俞大猷等几位将领却当了替罪羊，确实冤枉。

在如此高压之下，俞大猷不断组织兵力，拼死强攻，突入敌巢，残寇夺船逃往柯梅。俞大猷立即组织参将戚继光等人率兵把敌人严加包围，轮番进攻。

十一月十四日，残寇驾舟从柯梅出逃。俞大猷亲自率舟师追至沈家门，击沉倭寇一艘船。由于俞大猷的官职为浙直总兵，没有军门的号令，是不能擅自到不归自己管辖的福建去的，所以只能命令预先有准备的参将张四维率兵船继续追击朝福建方向逃窜的残倭。张四维追至福建俞山，擒寇2名，斩首14级，于次年四月回到浙江。

逃往福建的倭寇给当地造成了极大的危害，福建沿海多次全线告警，成为全国倭患最为严重的地区。时人多认为是胡宗宪网开一面，有意纵敌。因此，南京御史李瑚等先后上疏弹劾胡宗宪，说他岑港养寇，温、台失事，掩败饰功。大概与严嵩的保护有关，胡宗宪侥幸逃过一劫。事后胡宗宪猜测李瑚之所以会上疏弹劾他，应该是俞大猷透漏的消息，于是迁怒于俞大猷，即上疏朝廷，把放跑倭寇的罪过强加在俞大猷的身上，并借以逃避自己的罪责。皇上大怒，命人逮捕俞大猷来京讯治，同时再夺俞大猷的世荫。听到俞大猷被逮捕诏狱的消息，朝野一片哗然，为之不平与惋惜。

俞大猷来到京师后，不少高官都出面为他说情，当时受到皇上信任的大学士徐阶更是从中出了不少力。这时参奏俞大猷的胡宗宪也感到后悔，写信给严嵩的儿子严世蕃，请求帮忙疏通，准许俞大猷去北方立功。俞大猷自己也上疏，请求皇上明辨下情，允许他将功赎过。后来皇上也同意从轻处理，让他北上立功。

俞大猷于嘉靖三十八年三月遭胡宗宪上疏弹劾，四五月间，他与参将黎鹏举一道，被巡按御史拘捕至北京诏狱。这年秋，已坐了几个月诏狱的俞大猷，经过多方努力，才得以免祸出狱，北上立功。

就在俞大猷抵达山西大同后不久，朝廷以岑港之战平寇有功下诏，准许俞大猷等8人“赎罪录用”。虽然在这纸迟来的诏令上还有个“罪”字，但总算对俞大猷的冤狱有了个说法。

兴化破倭赏不公

嘉靖四十二年（1563年），俞大猷第五次受辱。

这年四月，明军取得平海卫大捷，这其实也是俞大猷军事思想的又一次成功实践。但俞大猷在战后获得的功名与奖赏，却与其功绩相去甚远。俞大猷所受到的这种不公平待遇，早在这次战役的进行过程中，就已频露端倪：在发动歼灭战之前的长达3个月的列营围困阶段，俞大猷就不断地遭到所谓怯懦、迟缓、延误等诸多攻讦。平海卫大捷过后不久，福建道监察御史李邦珍即于五月上疏，称这年二月中旬倭寇攻陷宁德、平海城及都指挥欧阳深战死等事，总兵俞大猷负有“赴援濡滞”的责任。结果朝廷下旨，令“大猷姑戴罪自效”。

这年七月，朝廷正式下旨对平海卫大捷的有功官员进行赏赐：谭纶晋升副都御史，仍兼福建巡抚，赏银30两、纻丝2表里；戚继光由署都督佥事，晋署都督同知，赏银30两、纻丝2表里，并荫一子为原卫正千户；甚至被认为是有明显失职行为、对兴化府城陷落负有一定责任的刘显，也于祖职上晋升两级，赏银20两、纻丝1表里；而在平海卫大捷中功绩卓著的俞大猷，仅赏银20两、纻丝1表里，还不如刘显。

作为上司的谭纶，对于平海卫之战的全过程及诸将的表现及贡献最清楚不过了，对于如此赏赐深抱不平。为此，他曾特地给俞大猷写了一封信进行安慰与开导，信的大意是：论功行赏，你仅受金币之赏而已。这大概是世上能了解你的人甚少，能真正了解你的人可能只有我。姑且就治兵这个问题来说，节制精明，你不如我；信赏必罚，你不如戚继光；精悍驰骋，你不如刘显。但是，所谓的节制、赏罚、精悍，这些都是小意思，而你是个堪受大任的人。你诚似霍光、任如诸葛亮、大似郭子仪、忠似文天祥、毅似于谦，是国家可以寄托重任的人才，这样的人才，当今之世除了你还有谁呢?

确实，知大猷者，莫过于谭纶。谭纶认为俞大猷有着戚继光、刘显等其他将领所不具备的政治素质和战略头脑，这对于一个将领，尤其是高级将领来说，是最为难能可贵的。谭纶作为平海卫之战的最高指挥官，认为俞大猷的才能甚至超过了他，那么，俞大猷对平海卫大捷的贡献之大，不是一目了然吗？

平海卫大捷是俞大猷在自己的家乡福建打的一次漂亮的歼灭战。战后，俞大猷曾抽空回到家乡泉州，特地登上他少年时经常去练武功的清源山，并在山上的清源古道旁留下题名摩崖石刻一方，文曰：

> 明嘉靖癸亥岁季春，钦差镇守福建南赣、惠、潮兼郴、桂、南诏地方都督俞大猷，提兵往兴剿陷倭寇。次月，尽竣事班师，偕友游诸洞。

可见，俞大猷偕友重游清源山诸洞的时间是明嘉靖癸亥岁（1563年）四月，这时距福建道监察御史李邦珍五月上疏还有1个月，距七月朝廷正式下旨赏赐还有3个月。取得辉煌的战绩却在战后遭到朝廷的不公平对待，这应该是当时俞大猷在游清源山时所没有想到的。

抗倭受挫坐革职

嘉靖四十四年（1565年）和万历元年（1573年），俞大猷又曾两次受辱。

早在俞大猷进剿粤东的潮、揭之倭时，为集中力量打击主要敌人，招抚了吴平。嘉靖四十三年（1564年）十一月，俞大猷把吴平遣送回其老家梅岭安置。吴平回到梅岭后，表面接受招抚，暗中却不断扩大势力，企图东山再起。福建巡抚汪道昆与当时已升任福建总兵的戚继光侦知后，决定将其剿除。

戚继光将吴平的情况告诉了俞大猷。俞大猷即分别给戚继光和汪道昆写信，提出剿灭吴平的作战方略以供参考。同时，他还给自己的上司两广总督吴桂芳上疏，建议广东也应早做预案，以便在必要时策应福建方面的军事行动。遗憾的是，福建和广东的决策者均没有采纳俞大猷的建议。而福建方面对吴平发起的攻击，过早地暴露了自己的意图，使吴平赶紧转移到自己以前的大本营广东南澳岛。南澳岛位于广东省饶平县南面的大海中，地处闽粤交界处，是倭寇由闽入粤的咽喉，地形险要，易守难攻，进可攻击广东、福建交界沿海各县，退可乘船跨海远遁。形势变得复杂了，明朝官军一时失利。朝廷即下诏命闽、广两地官军联合行动，协心夹剿。于是，俞大猷与戚继光这两位抗倭名将，在继平海卫之战后又有了一次联手作战的机会，在嘉靖四十四年十月的南澳之战中，取得了擒斩敌1500余人、烧死淹死敌5000人、解救被掳民众1800余人的重大胜利。

但是，俞大猷在南澳战后又受到了革职闲住的处分，再一次丢了官，这是他在其戎马生涯中的第六次受辱。

这次受辱的起因是这样：俞大猷最初招抚吴平时，就有官员认为他这是养虎为患，持反对态度，后来吴平从南澳逃脱，有人进而又说他围剿不力，要追究他的责任，法当重处。尤其是福建巡按御史陈万年和广东巡按御史陈联芳两人均上疏弹劾他，结果俞大猷受到了革职闲住的处分。吴平在南澳之战中侥幸逃脱，作为水军指挥官的俞大猷虽有责任，但是也不至于受到如此严厉的处分，而早在年初吴平于梅岭之战中逃脱，陈万年却没有弹劾任何一个人，参加这次军事行动的将领也没有人受到处分。难怪当时俞大猷的上司两广总督吴桂芳也为他鸣不平，说了句公道话："今两省会剿平贼，广费五六万，闽复倍之。令大猷计行，何至费此？"的确如此，当初如能采用俞大猷的计谋行事，就不至于耗费如此巨额的军费，可能也不会让吴平得以先后两次逃脱。作为南澳之战广东方面的最高决策者，吴桂芳的话是最有权威性的。但此前已历经五次受辱的俞大猷，对这一处分也没有十分在意，他说："祸患福泽，猷视之皆如太虚浮云。"后来，俞大猷因讨平河源、翁源二县"山寇"，才得以官复原职，调任镇守广西总兵官。

俞大猷的第七次受辱，发生在万历元年（1573年）。

隆庆五年（1571年）七月，巡抚广西御史李良臣弹劾俞大猷。兵部起初还认为李良臣的弹劾证据不足，轻易处分这样一位多树劳绩的老将，会使南北诸将闻之丧气，但最后以俞大猷身为主帅，既遭弹劾，就难以留任，还是罢了他的官，令他回籍听用，但4个月后又任命他为南京右府佥书。当他还没有到任时，朝廷又任命他镇守福建及浙江金、温等处总兵官。他才上任5个月，又遭到降职二级的处分，其原因是有人弹劾他"不候交待，擅离信地"，实在是小题大做。

对俞大猷打击较大的，是朝廷在万历元年（1573年）九月又给俞大猷革职闲住的处分，这时他已经是一位71岁的老人了。这次严厉处分的原因，是福建海寇进犯，官军防御失利。其实此事不应由俞大猷负责，应当负责任的是其副使邓之屏——他在战斗中没有听从指挥，擅自主张，改变追剿方向，导致沿海烽火寨被倭寇攻入，官军把总被杀。俞大猷代下属受过，无端受罚，又一次丢了官。

后来由于老上司谭纶再次上疏推荐俞大猷，朝廷才于万历二年四月颁旨，任命俞大猷为后军都督府佥事。

中門
中軍
左門
右門
馬
馬
險
或山或牆
或坑或水
左右二門人馬出入
中門只人出入也

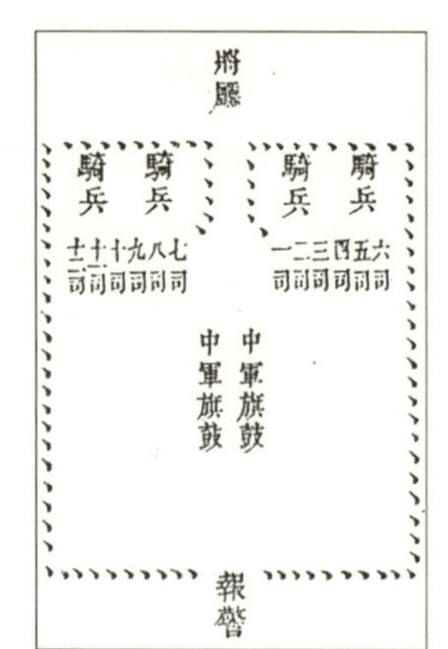
將廳
騎兵
騎兵
騎兵
騎兵
六司 五司 四司 三司 二司 一司
七司 八司 九司 十司 十一司 十二司
中軍旗鼓
中軍旗鼓
報營

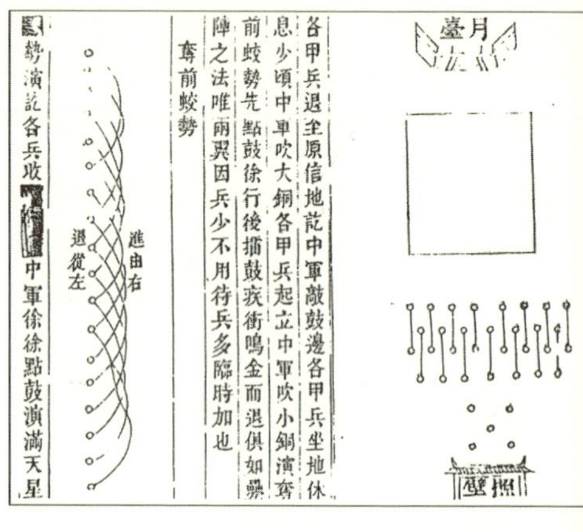
月臺
照壁
各甲兵退至原信地訖中軍敲鼓邊各甲兵坐地休
息少頃中軍吹大銅各甲兵起立中軍吹小銅演奪
前蛟勢先點鼓徐行後擂鼓疾衝鳴金而退俱如
陣之法唯兩翼因兵少不用待兵多臨時加也
奪前蛟勢
進由右
退從左
勢演訖各兵收
中軍徐徐點鼓演滿天星

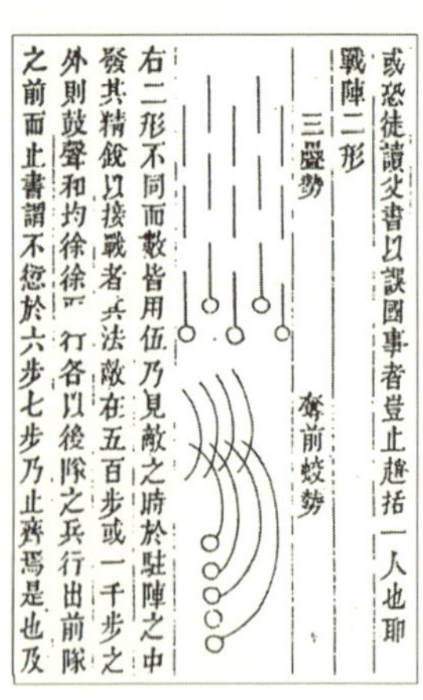
或恐徒讀父書以誤國事者豈止趙括一人也耶
戰陣二形
三疊勢
奪前蛟勢
右二形不同而數皆用伍乃見敵之時於駐陣之中
發其精銳以接戰者兵法敵在五百步或一千步之
外則鼓聲和均徐徐行各以後隊之兵行出前隊
之前而止書謂不愆於六步七步乃止齊焉是也及

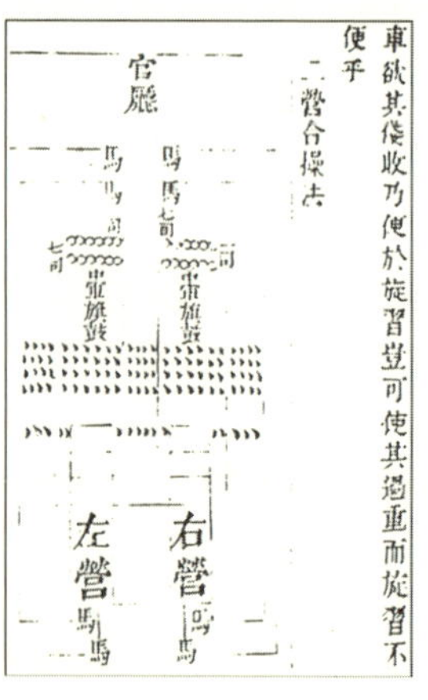
車欲其便收乃便於旋習豈可使其過重而旋習不
便乎
二營合操去
官廳
中軍旗鼓
中軍旗鼓
左營
右營
馬
馬

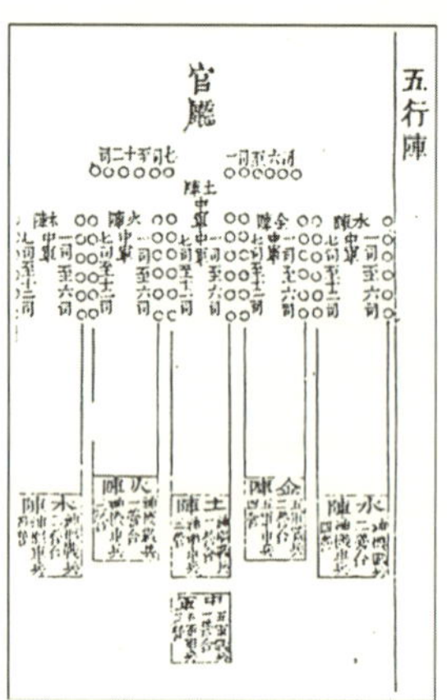
五行陣
官廳
七司至十二司
一司至六司
中軍
水
金
火
木
土

第五章

北方御“虏”立功

俞大猷不仅抗倭功勋卓著，在西北边防中也可圈可点，既能创制新式战车、阵法，也能训练精兵。

蒙冤北上谋报国

大明王朝边防的重点，有所谓“南倭北虏”之说，就是指东南沿海的倭寇和长城以北的蒙古人。俞大猷虽然长期奋战在抗倭第一线，但心里却一直牵挂着西北边防。他在写给戚继光和谭纶的信中说：“丈夫生世欲与一代豪杰争品色，宜安于东南；欲与千古之豪杰争品色，宜在于西北。”倭寇发端于元末，而危及我国东南一带则是在明代，又以嘉靖年间为最，故为一代豪杰所关注；西北则是中国历史上多个朝代的边防重点，故为千古豪杰所重视。

作为一位杰出的军事家，俞大猷曾经不止一次地表示要到西北边防去效力。嘉靖二十一年（1542年），鞑靼蒙古俺答汗率军从大同侵入，大肆烧杀抢掠，边防紧张，朝廷诏选天下有将才者前往防御。当时俞大猷正因在金门千户任上向佥都御史陈伍山上书言事遭斥革，赋闲在家，闻讯后立即上疏，要求赴边防“虏”。时任兵部尚书的毛伯温即以兵部文书咨送他到西北为宣大总督翟鹏所听用。只是因为俺答汗撤兵，翟鹏也不再起兵，使俞大猷未能得到重用。

嘉靖三十八年（1559年），俞大猷因上司胡宗宪诿罪，被逮诏狱。他虽身处险境，仍不忘报效国家，以西北边患为急，上疏大同巡抚李文进（字同野，早在任浙江按察副使时，俞大猷为浙江参将。俞大猷《正气堂集》中收有9封写给李同野的信，两人可谓故交），表示希望能到其麾下效力杀敌。在其所上的《将功赎过疏》中，也表达了同样的迫切心愿，希望皇上准许他自赎，到北边立功。

释狱之后，俞大猷东出蓟门，西入云中。李文进很欣赏他的军事才干，在边防形势吃紧之际，得知俞大猷已如愿来到大同，甚为高兴，亲自前往迎接。寒暄叙旧过后，两人即转入正题，就当前的防御战略展开探讨。俞大猷对西北防务的构想与建议，得到了李文进的首肯，这对急于立功自赎的俞大猷来说，是个很大的鼓舞。

俞大猷大约是在嘉靖三十九年一二月间来到大同。二月，朝廷下诏，以俞大猷等人平寇有功，可“赎罪录用”，虽“罪”字未除，但可“录用”任职，俞大猷已经很满足了，信心也更足了。

创新车战练精兵

对于如何在西北“将功赎过”，俞大猷早在诏狱中已有了成熟的思路，只是对于自己能否顺利出狱，起初并没有把握。当他得知出狱有望，马上给李文进写了一封信，信中说道：

> 今之边防，若欲堵贼不得入境，必兵力十倍于贼，其共精勇过贼亦十倍，是必不可得矣。惟训练精兵一支，俟贼至而出奇以击之，使其大衄而退，有所惧而不敢复犯。此则今日至急之务。然为之有要，施之有机，非面陈不能悉。

至于如何“训练精兵”，如何“出奇以击”，俞大猷当时并没有在信中进一步阐述。信的最后表示，他这次如去西北，准备“轰然做一场”，以“谢万世”。

原来，俞大猷这次去西北抗击鞑靼，其作战方略就是以车御敌。

我国古代战车的使用甚早，始于殷商，盛于春秋，之后逐渐衰落。明代自正统以来，基于与西北擅长于骑战的蒙古军队作战的现实需要，战车又逐渐受到重视。在嘉靖之前，不论是京城还是边镇，都进行了战车的试制，甚至批量制造并装备明军。

佛郎机是明代对葡萄牙人的称呼，也指葡萄牙人制造的炮。

俞大猷在东南进行抗倭作战的同时，一直关注着西北的防务。早在嘉靖二十二年（1543年），俞大猷在《上宣大军门侍郎联峰翟公书》中，就提出抗击鞑靼要“矛车御其冲突”的战术问题。嘉靖二十七年，俞大猷在两广时也曾用过战车，取得较好的成效。来大同之前，他曾应兵部尚书杨博之命，写了《兵略对》，其中就比较详细地阐述了战车的形制和编制。来到大同之后，他就有机会同李文进面对面地坐在一起讨论，详细考查历代战车，扬长避短。经过反复试验，俞大猷终于制出了新式战车，并提出了一套能适应实战需要的车战新战术。

俞大猷研制的这种战车为独轮车，车上配有4件大枪头、1件大佛郎机、2件挨牌，独轮两旁各设

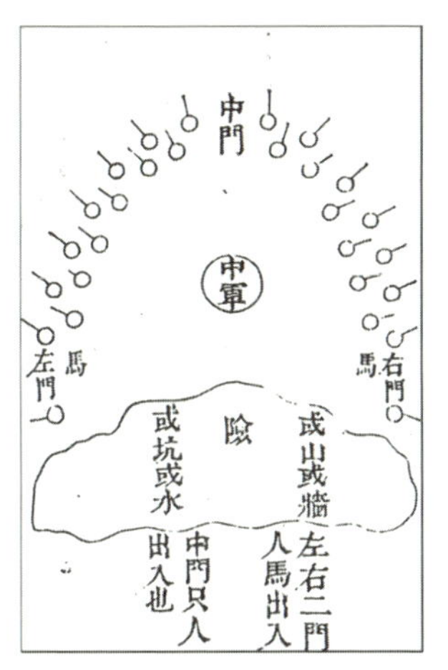

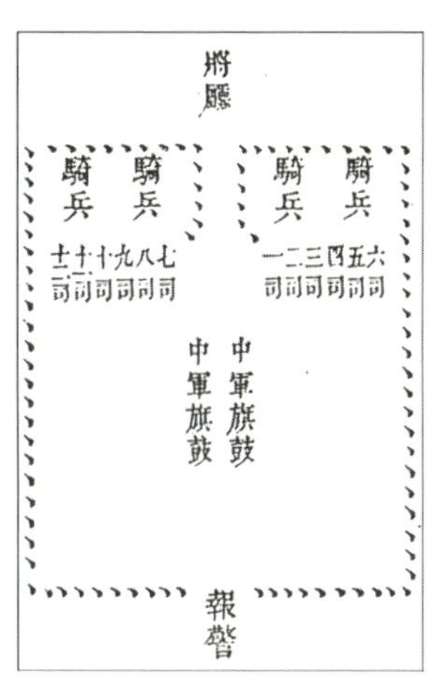

俞大猷绘制的兵阵图

有一根大木，以方便两边士兵推挽。车体加上武器装备，总重量还不满300斤，每辆战车安排16人分班轮流推挽，利用运动的惯性，相当轻快灵活，就是遇上崎岖道路，或是上下山堑，皆可得心应手，运用自如。

在人员的配备上，每辆战车用兵50人，是为一队。其中大旗手、牌手、叉手、钩镰手、拨刀手共14人，其职责是紧跟在战车两旁，遇到车前有敌人时，立即以各人手中的各式武器冲锋破阵；鸟铳手、神枪手、佛郎机手、提铳手、短拨刀手共14人，其职责是分两班轮流推车和守车；马兵10人，以备追逐溃逃的败敌；管队2人，分别督阵冲锋破敌和掌握全队，督兵守车。这样的一个基本作战单位，就包含了步兵、车兵和骑兵等三个兵种，集中了这三个兵种的优势，从而提高了战斗力。这就是俞大猷在《大同镇兵车操法》所说的：

> 兵法谓“车胜马，马胜步。”盖步兵技专击刺，而马有践蹂，故步不如马。车则能御马之践蹂，而中又有

铳炮之雄器、击刺之精兵、追逐之马兵，是一车而兼乎马步之长，故非马所能敌也。

战车在投入战斗之前，必须先组成车营。俞大猷研制的车战，是以13辆战车（含配备的指战员，即称13队）为1小营，其中安排1队设为中军。每小营设总管1人，作为总负责；把总2人，分别督军冲锋破阵和守卫战车。另以13个小营组成1个大营，其中安排1个小营设为中军。1个大营设1员参将为总指挥。

俞大猷设计的这种车营，是以车为载体、以车为屏蔽的火器兵、骑兵和步兵的合成营。在敌我双方对阵的作战中，我方因有战车作为屏蔽，敌方的骑兵就无法冲击；我方因有众多火器，就会给敌方以重大打击；我方因有骑兵，就可以追击溃败的敌人。总之，是我能有效制敌，而敌无术制我，所以我方在作战中获胜的概率就很高。

俞大猷研创的这种车战新战法，对即将上阵杀敌的明军将士来说，还比较陌生，因此平时要加强训练。俞大猷治军，一贯重视练兵，他认为有兵不练等于无兵，精兵不练等于弱兵，练兵不熟等于没练。指挥这样的不练之兵在战场上与敌人战斗，其结果必是屡战屡败。

俞大猷的练兵是从训练单兵的技艺开始的。就冷兵器而言，俞大猷要求士兵以他所擅长的棍法为基础进行苦练。在士兵初通棍法的基础上，再根据士兵不同的身体状况及专长，教授使用不同的兵器，最后才进行不同兵种的分配。为练出一支精兵，俞大猷在平时还有意识地用赏罚、节制和礼义来督促、管理和教育士兵。

在单兵训练的基础上，俞大猷还进行战术训练。无论是步兵还是骑兵，俞大猷使用的都是交替战斗的叠战战术。不仅练攻法，而且还练守法。总之，俞大猷的练兵是全方位的，终于练出了一支英勇善战的劲旅。

大败鞑靼安银堡

俞大猷创建的车营，把车兵、步兵和骑兵等整合成军，创造了多兵种联合作战的新战术。在武器的使用上，既有传统的冷兵器，又有热兵器（包括明代刚从外国引进不久的佛郎机、鸟铳等）。这在我国军事史上具有划时代的意义。

俞大猷创建的战车和车营多兵种联合作战，还经过了实战的考验。安银堡之捷就是一次车步骑营对骑兵的胜利，开创了明军以新战术抵御鞑靼内犯的先河。

明代九边重镇自东向西依次为辽东镇、蓟州镇、宣府镇、大同镇、山西镇、延绥镇、宁夏镇、固原镇、甘肃镇，其中俞大猷所到的大同镇，所辖长城335千米，自西至东分9路镇守，共设军堡（堡寨）72个，安银堡是其中之一。

俞大猷练兵初成时，正逢蒙古鞑靼数万铁骑又一次入寇劫掠，李文进在俞大猷的协助下，将由百辆战车、3000步骑兵组成的车营投入战场，在安银堡抗击敌军。初试锋芒，即打了一个以少胜多的漂亮仗。蒙古鞑靼骑兵死伤甚多，溃败被追数百里，时人称蒙古骑兵入寇以来，还没有遭遇过如此惨败。遗憾的是，虽然安银堡之战是明代历史上唯一一次有明确记载的车战胜利战例，但有关记载却十分简略，如《明史·俞大猷传》在提到这次战斗时只有寥寥十余字："尝以车百辆、步骑三千，大挫敌万骑于安银堡。"何乔远《名山藏·俞大猷传》也差不多，但又提到所挫之"虏"为数万。李杜《征蛮将军都督虚江俞公功行纪》

的记载稍微多一点，提到了战斗尾声及战后的评价：“虏救死扶伤，追奔逐北数百里，自入寇以来，未有此衄。”

一向强悍的鞑靼铁骑为何会遭到如此惨败呢？

第一，应该是麻痹轻敌，骄兵致败。

此前鞑靼铁骑屡屡深入大同、太原之境，守边兵将大多怯弱，稍强些的也仅能自守而已。嘉靖二十四年（1545年），巡抚山西御史陈豪说，鞑靼骑兵3次入犯山西，使明军损失惨重，耗费巨额饷银，而无尺寸之功。第二年，鞑靼骑兵侵犯延安，力主反攻尽复失地的总督三边侍郎曾铣被权臣严嵩所杀。此后，再没有大臣敢言及边事，以致嘉靖二十九年，鞑靼骑兵从间道入关，迫近北京东直门，城中兵力有五六万人，被驱出城门的士兵竟然都流泪而不敢应战，诸将领也相顾变色。因此，在安银堡之战打响之前，骄傲的鞑靼骑兵根本没有把眼前兵力大大少于自己的明军放在眼里，以为又是小菜一碟。但是刚一接战，俞大猷精心训练的这支劲旅的强大的战斗力一下子就爆发出来，鞑靼骑兵一下子就傻了眼，还没反应过来，阵脚已乱，军心动摇，战场上双方的优劣势顿时逆转。接下来战场的形势就迅速地朝有利于明军的方向发展。

第二，俞大猷的新战术是这场战斗最后取胜的关键。

在明军多兵种联合作战的新战术面前，鞑靼骑兵原有的优势尽失。战斗一开始，他们还是与以前一样，策马扬刀，发起猛攻。冲在前面的骑兵，刚至热兵器的有效射程之内时，即在鸟铳、佛郎机这些刚从国外引进不久的先进武器的远射中纷纷落马。没被射中的骑兵冲至车阵前，不是其坐骑被刀叉、钩镰击伤倒地，就是本人遭到长矛、拨刀等冷兵器刺砍丧命。鞑靼骑兵轮番组织进攻，明军则以此前已训练过的叠战战术应对，分波替补上前轮流还击。鞑靼兵死伤惨重，而明军则越战越勇，最后鞑靼兵溃不成军，大败而逃。

安银堡之捷在当时可以说是个奇迹，影响深远。战后李文进及时上疏朝廷，推荐俞大猷的战车御敌之法。于是，京师也开始按俞大猷的车营范式建立车兵。在俞大猷的影响下，九边各镇纷纷建立步兵、骑兵、战车组合的多兵种车营，以抗御鞑靼入关内侵。

俞大猷来到大同虽仅一年有余，但却获得了很好的口碑，称赞他德才兼备的奏疏先后有20多封，许多地方还要求他去任职，如福建巡抚推荐他回家乡福建抗倭；巡抚都御史黄光升因湖广镇筸发生大规模的苗民反抗而推荐他去镇筸。镇筸情况紧急，朝廷即任命俞大猷为镇筸参将，时间大约在嘉靖三十九年冬。这样，俞大猷就有了新职务，尽管官品从原来的正二品一下子降到从五品，但毕竟有了一个可以继续报效国家的机会。嘉靖四十年春，俞大猷离开大同，踏上了湖广任职的旅程。

京营练兵不服老

万历二年（1574年）四月，被革职赋闲在家的俞大猷已经72岁了，这时接到了朝廷的命令：“准复署都督佥事后军均都督府佥书管事。”于是，这位已是古稀高龄的老人，再次也是最后一次登上了报效国家的仕途。

正在这个时候，巡视京营工科左给事中李某、福建道监察御史周某上疏，提出要把京营中的大小战车和各样火器尽数领出，运到关外行营，逐一阅验，如不堪用，则应由兵部广集众思，不拘一格，在京城内外荐用一两员素谙车法的将官，到京营专

责置造和教练，以整顿出一支能抵御鞑靼铁骑、确保京城安全的京营。

俞大猷看到这封奏疏之后，觉得这是一个施展自己才能的难得机会，马上写信给兵部尚书——他的老上级谭纶。他根据自己以前在大同训练车营并实战获胜的成功经验，在信中首先提出战车的作用。他对谭纶说：当今日御制鞑靼铁骑的上策莫过于使用战车，这大家都懂。可惜的是他们言车守而不言车战，言车战而不言车制，根本原因在于他们都不懂得使用战车之精妙。战车的使用，停止可以列车为营，抵御敌人的进攻。但只知用战车以防御，而不重视用战车以进战，认为敌骑奔驰，车难追逐。实际上如果有10万敌人来犯，其中能用来奔驰四散劫掠者，也不过三四万，其余的六七万人合为一老营，进退缓慢。如果我军用兵车直接冲击其老营，令其散乱，然后再用骑兵追击，这样的打法，何患不取大胜？其次，他认为目前所制造的那些战车不适用于实战，应采用他所制造的战车，灵活机动，再加上配备大量火器，才能适应对敌作战的需要。最后，他请求兵部按科道官的提议，由他来操练京营，他一定不负众望，如期训练出一支安社稷、威夷狄的车兵队伍。

作为俞大猷的老上级和挚友，谭纶是最了解俞大猷的，确实俞大猷是负责训练京营的最佳人选。因此，他在批复科道题本时就说：

> 臣等查得署都督佥事俞大猷，平生学古兵略，深得车战之意。今现在后府佥事，可属训练。合候命下，将俞大猷不妨原务，每遇开操之时，前去提调京营车战。其体统在副将之上，总协仍以府佥相待。将各大小战车并火器，督率本营将官，逐一阅视，务求可用者，著为

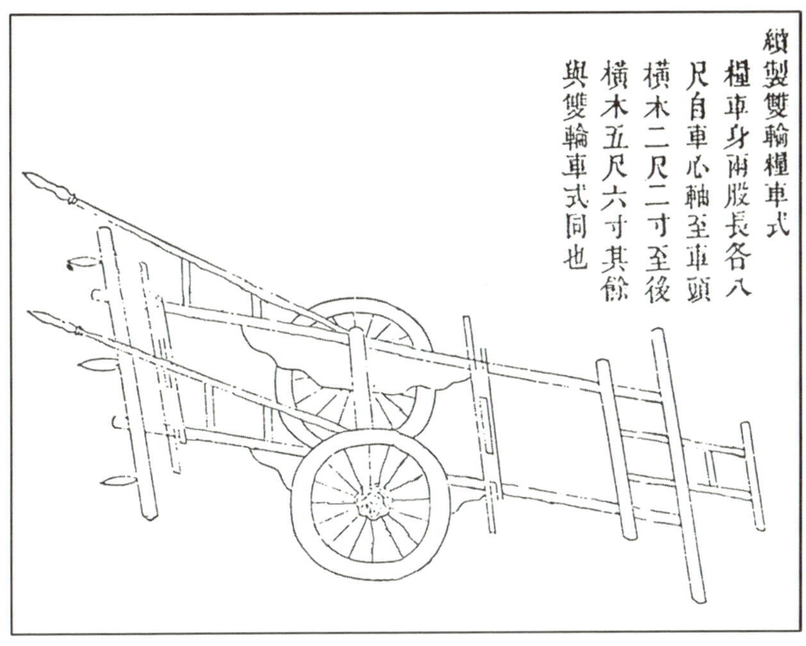
繪製雙輪糧車式
糧車身兩股長各八
尺自車心軸至車頭
横木二尺二寸至後
横木五尺六寸其餘
與雙輪車式同也

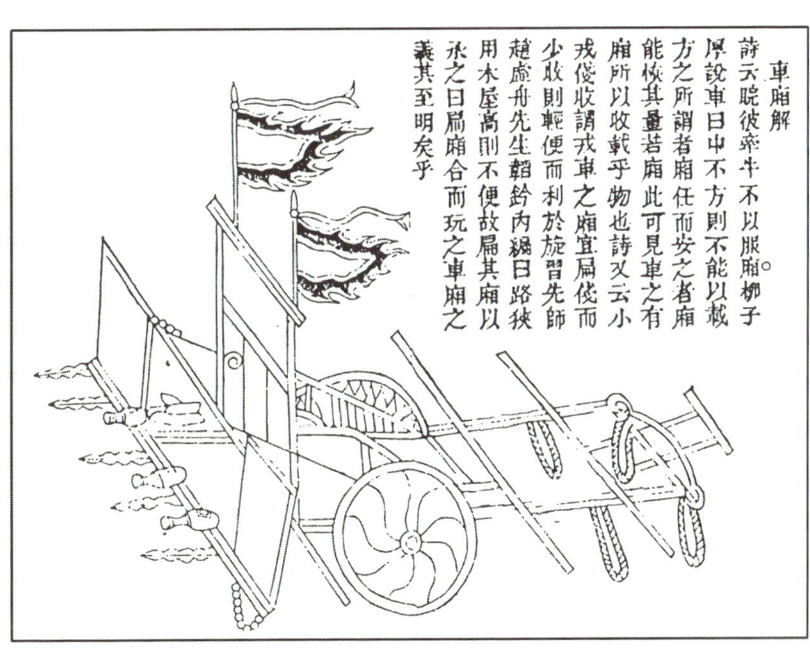
車廂解
詩云睆彼牽牛不以服廂。柳子
厚說車曰中不方則不能以載
方之所謂者廂任而安之者廂
能恢其量若廂此可見車之有
廂所以收載乎物也詩又云小
戎俴收謂戎車之廂宜扁俴而
少收則輕便而利於旋習先師
趙虛舟先生韜鈐内編曰路狹
用木屋高則不便故扁其廂以
承之曰扁廂合而玩之車廂之
義其至明矣乎

俞大猷绘制的双轮战车

定制，如法操练。其车制或大或小，应从改造，火器不堪，应从议处，俱听本官具议，送总协大臣奏请施行。

这样，谭纶恰当地运用了手中的权力，让俞大猷提调京营车兵，使他能按照自己的意图改造战车，设置火器，进行训练，帮助实现他多年的夙愿。

俞大猷虽然十多年前曾在大同练过车兵，但他是个不断追求创新的人，这次在京营练车兵，是在更高的层次上进行的，与前次有很大不同。

首先，是车制的不同。俞大猷在大同时所用的是独轮车，而现在则是双轮车。这种双轮车的最大特点是适用于实战，而且大而不重，进退纵横均十分方便。在战车前装有大枪头5件，使敌马不得接近；车上有飞虎大木屏1面，小木屏2面，以作为战车的屏障。人们将这种车称作冲车，它和戚继光造的偏厢车各有所长。总体来说，冲车便于前进冲敌，利于战；而偏厢车旁有屏蔽，利于守。

其次，是编制不同。俞大猷在大同时所训练的车营，每营有战车169辆，指战员7138人，而在京城训练的车营，每营有战车120辆，管车兵和随车兵（统称步兵）4200人（每车35人），骑兵和中军共1800人，合计6000人。全营装备佛郎机、涌珠炮、夹靶枪、快枪等大小火器共1200件，所以这些车兵实际上也可以称为火器兵。把火器和能够拒马的战车结合在一起，这是明代战车与以前战车的根本区别，也是车兵所以能够战胜骑兵的原因。

再次，是训练和战术也不尽相同。俞大猷在京营训练的营阵，比他在大同时训练的规模大，而且形式多样，有一营操练、二营合练、十千万全阵（即全部车营的合战）、五行阵、三才阵等。车兵的训练主要是火器兵、步兵和骑兵三兵种协同作战的战术训练，包括行军、列营和作战。行军是马兵在前，车兵在后。列营一般是列方营，车头向外，车车相连，形成一个方形的车城。作战时，如果敌人从四面向我军进攻，这方形的车城在中军的指挥下，四面齐放铳炮，轰击敌人。打退敌人后，车营即组织反攻，要改变战斗队形，进攻一面之敌。前列车兵在中军的指挥下，先以铳炮轰击敌人，然后发动冲击。冲垮敌阵之后，骑兵马上由前列车兵的两侧冲出，追击敌人。这时车营的战斗队形又恢复成方形。如见骑兵追得太远，后方车营策应不上，中军就及时发出信号将其召回，返回的骑兵即从车城的四角入营，在车营里稍作休整，一有战机，又马上出击，直至战斗结束。车营充分发挥了车兵、火器兵和骑兵的威力，既能很好地保护自己，又能有效地歼灭敌人，是我国古代中央王朝的军队抵御周边游牧民族铁骑的好方法。

俞大猷在京营练兵3年，成绩显著。他教练的京营车阵，有车战马步兵6万人，习熟可用，京营从而改观。在京三相公及诸老亲临现场阅视，称赞不已，都说："奠社稷、威夷狄之法，无出乎此。"俞大猷本人也自豪地说："仆平生志行矣，明年决图归计。"

万历六年（1578年）九月初八，经俞大猷再三上疏请求，皇上批准他退休。这年他已是76岁高龄了。

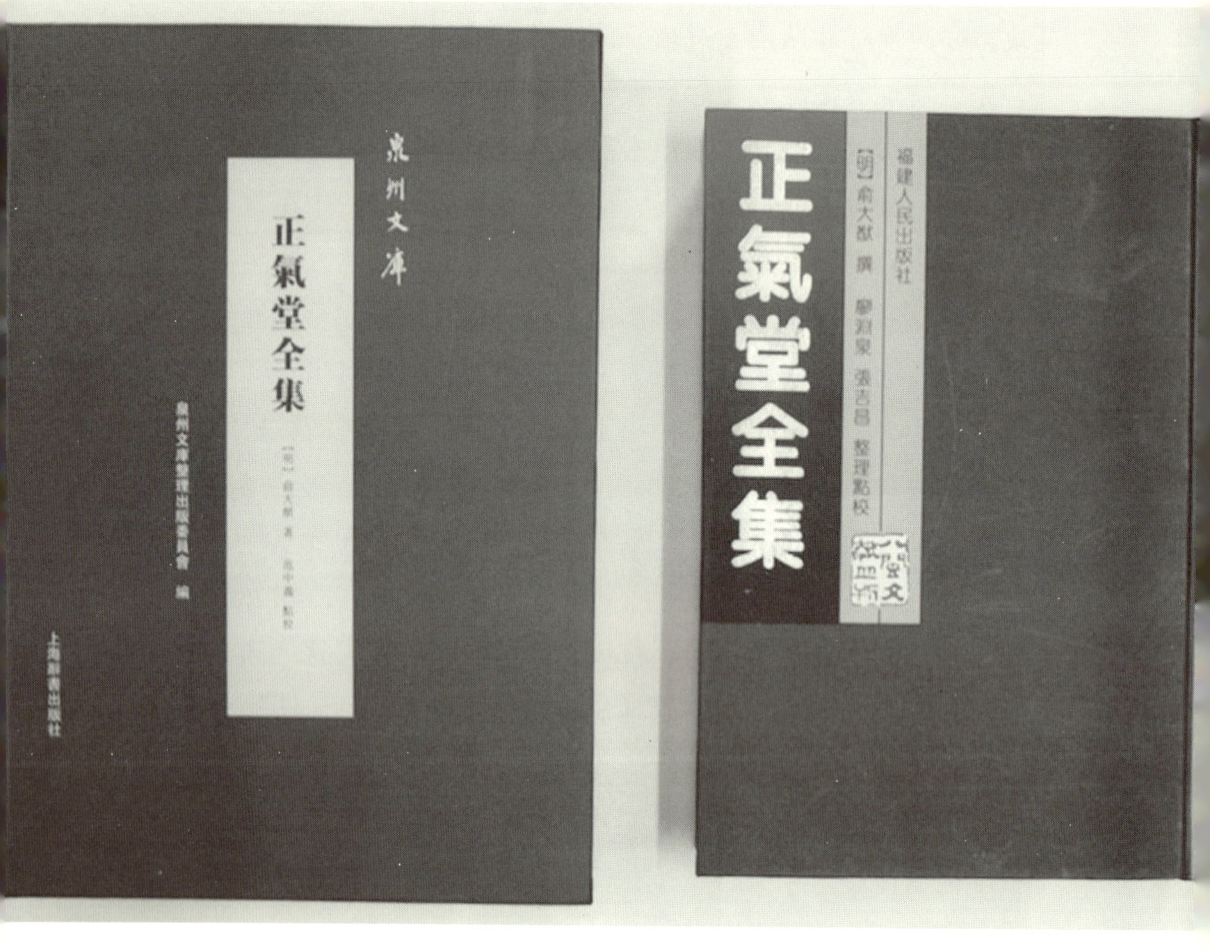

泉州文庫

正氣堂全集

〔明〕俞大猷 著 范中義 點校

泉州文庫整理出版委員會 編

上海辭書出版社

正氣堂全集

福建人民出版社

〔明〕俞大猷 撰 廖淵泉 張吉昌 整理點校

第六章

谈兵亦能论道

俞大猷是大明王朝少见的文武双全的军事将领。他在军事斗争中的表现，往往会比别人高出一筹，其根本原因主要在于他对儒家思想精华的汲取。

推崇朱子

俞大猷29岁时，因父亲俞原瓒去世，即弃文从武。他后来在回顾这次人生转折时说：

> 小子猷早厕儒林，学仲尼之道。厥后父死，家贫不能终所志，遂袭先秩，碌碌为武流中人。然尤不甘废弃，以眩梦此生，常怪世之弯弓兜鍪之夫，无揖让折冲之能者，比比而是。不知礼乐甲兵，诗书介胄，致一而已。故鱼兔虽异效，而筌蹄之制未始不同也。

俞大猷虽因“家贫不能终所志”而从戎，但他并没有因此而中断“学仲尼之道”，而是向理学名师虚心请教，或与同心旧友相互切磋，这在他与师友往来的书信中多有记载。

泉州同安县人林希元是一位理学名家，所著《四书存疑》与陈琛所著《易经通典》《四书浅说》并为参加科举考试的学子所重视，被称为明代泉州四大名书之一。俞大猷虽然与林希元年纪差不多，但他在荣登武进士后任金门千户时，因敬重林希元的学问而虚心拜其为师。

俞大猷与李贽、黄克晦同为生活于同一年代的泉州老乡。黄克晦是当时著名的诗人，兼善书、画，世称“三绝”。他曾先后在泉州和南京与李贽等人结社联吟，在《黄吾野先生诗集》中选载了他赠给李贽的十余首诗。黄克晦与俞大猷也有诗互赠，《正气堂全集》中选录了俞大猷写给黄克晦的三首诗，俞大猷逝世后，黄克晦写的《挽俞都督大猷》诗，可算是这一对平生知己的写照了。按理说，他们三人在当时应该会有联系与交情，但奇怪的是，在《正气堂全集》中，却看不到俞大猷与李贽往来的有关文字。其原因不得而知，可能与两人的思想归属不同有一定关系。

尽管戎马生涯十分紧张，但俞大猷对当时学术领域中闽学和王学两大学派的激烈论战，却一直十分关注。他认为，当时世风日下的根本原因，就在于道学不明，而道学不明的责任在于“今之为理者”。因此，自谦是“卒伍凡流、向未闻道”的俞大猷，在思想界的这场大论战中，并没有置身事外，而是以积极的态度直抒己见。

当时王龙溪、颜山农等一些王阳明派人物与俞大猷颇有往来，有的关系还相当好。但社交归社交，俞大猷并没有因此而在对待王学的态度上模棱两可。他在给友人的诗中，嘲笑王学的致良知学说是徒得前人的糟粕，并有意贬低王阳明的学说。王阳明以其创立心学和四大事功而被誉为文武兼备的儒将，俞大猷却不时揭露其生平事业中的不得意之事。

相反，对于在闽学发展史上有过贡献的学者，俞大猷则十分敬重。如朱熹的私淑弟子真德秀，其学术成就很高，为朱熹之后的一代大儒。真德秀曾于南宋嘉定和绍定年间，先后两次出任泉州知州，政绩显著。俞大猷对他十分推重，在与政界的通信中，对他大加称赞。俞大猷认为能得到大力肯定的泉州名宦，有宋一代只有真德秀、王十朋两人，其他人均不能与他们相提并论。

对于佛老之学，朱熹曾将其视为一种思想资料，对其有用的部分，以宽阔的学术胸怀和开放的态度加以容纳。但当佛道势力

日益强盛，有使儒学成为不传之学的危险时，朱熹及其门人就开始不遗余力地排斥佛老，辨异端、辟邪说，以维护儒学的文化传统。王阳明从佛教之学“不足以治天下”的社会效果考虑，也标榜反禅，但他的哲学思想受佛道特别是禅宗的影响是很深刻的，并推进了以后三教合一趋势。俞大猷认为，王学在出入佛老之学的路上走得太远了，对道学形成严重威胁，认为以佛学来阐释儒学，将会导致道学的衰落。颜山农本是王阳明的门人，后又从学王艮，他曾写信给俞大猷，相约一叙。俞大猷在回信中对佛老之学再次进行抨击：“佛老术数，处士横议，恣肆于天地之间，无有为吾道立一赤帜以排之。”

俞大猷在收入《正气堂全集》的一些书信中声称要捍卫的“道学”，就是程朱理学。俞大猷十分推崇孔子、孟子诸先儒，他说：圣人孔子，于万世才能得一人；曾子、孟子是大贤。自先秦以降，儒家学说经历了一条迂回曲折的道路，宋代从周敦颐开始，二程奠基，朱熹集其大成的理学的建立，使传统的儒家学说思想获得了新的生命力，故俞大猷对朱熹在内的宋代诸儒复明圣道的丰功伟绩是大力肯定的。

经世致用是朱熹以来闽学学者的一贯思想，他们大多关心国计民生，既讲内圣，又讲外王——内圣讲内省的修己功夫，外王讲求治国平天下，即经世之术。俞大猷继承了这一传统，他认为道德、事功、文章三者融会贯通为一体，有则俱有，无则俱无。他虽因家贫而从戎，但其意不在高官厚禄，而在于以道济人。俞大猷说他是以“理”度天下事，平生不讲“风角占候奇门遁甲之事”。“理”是宋明理学的重要范畴，但朱熹与王阳明对“理”

的看法不一。朱熹是以客观精神的“理”为最高范畴，而王阳明是以主观精神的“心”作为最高范畴，这是二者在本体论上的根本区别。俞大猷据以度天下之“理”，即朱熹所讲的“理”。

俞大猷像

闽学学者经年累月地对儒家经典进行整理和注疏，明朝中后期泉州闽学学者陈琛、张岳、林希元、史笋江等人以“四书”和《易经》为研究重点，他们的易学、四书学思想代表了那个时代的学术水平，在闽学史上占有重要地位。从小在泉州长大的俞大猷，自然也受到家乡学人这种治学风格的深刻影响，且有师传渊源。俞大猷对儒家经典的研究，也是以《易经》和“四书”的成就最大。俞大猷对当时世人学习《易经》仅为占吉凶、决趋避的做法持否定态度。他认为如果把《易经》仅仅作为一本卜筮之书，那么对易理的认识就甚为浅薄了。学习《易经》应该遵照孔子的教导：“君子居则观其象而玩其辞”，就是为人子要孝，为人臣要忠，只有这样，才能获易理之旨，得天之保佑，吉无不利。他的军事著述《兵法发微》与武术著述《剑经》就是以“四书五经”为指导思想的。

以诗言志

俞大猷在戎马倥偬期间，写下了大量诗篇，其内容以爱国咏武居多，被认为有以诗证史的效用。俞大猷的思想观，也在他的诗中得到反映。

《与尹推府》

匣内青锋磨砺久，连舟航海斩妖魑。
笑看风浪迷天地，静拨盘针定夏夷。
渊隐虬龙惊阵跃，汉飞牛斗避锋移。
捷书驰报承明主，沧海而今波不澌。

这是一首描写海上抗倭斗争的诗，俞大猷把明军与倭寇对称为“夏夷”（为押韵起见，不写习惯所说的“夷夏”而写“夏夷”）。他对于海上抗倭事业信心十足，把海上连舟航海的明朝军队盛况形容为渊隐虬龙，而把敌人形容为妖魑，抗倭将士正磨砺宝剑，誓斩妖魑，让海不扬波，捷报皇上。

《勉李季春》

夜读阴符晓未休，壮心欲击单于头。
腰间带血雌雄剑，谈笑觅封万里侯。

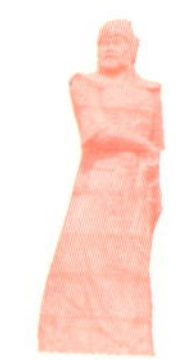

诗中对于同在沙场抗击鞑靼蒙古铁骑的李季春勉励有加，并抒发了御虏将领夜读兵书、壮心击敌、建功封侯的情怀。

《满江红》

蛇舞龙飞，寒光剑，试锋何缺？演兵法，万千横纵，武威雄烈。动地惊天烽火起，横刀跃马狼烟灭。望旌旗，百战志冲霄，蹄无歇。　　追穷寇，腾热血。同戚虎，掀魔穴。整河山，闽浙粤苏倭绝。赤县长宁疆海靖，英雄神勇人中杰。镇九边，浩气筑长城，谁能越！

这首词风格豪放，是对俞大猷戎马生涯的回顾，充分表达了他捍卫祖国边疆、保卫人民安宁的报国安民情怀。

《病中写怀》

笑献平胡赋未公，乞骸封奏紫辰宫。
半生许国空存志，万里征帆但信风。
有日应飞阴漠外，何人剑倚白云中。
清源一枕黄粱梦，手斩楼兰立首功。

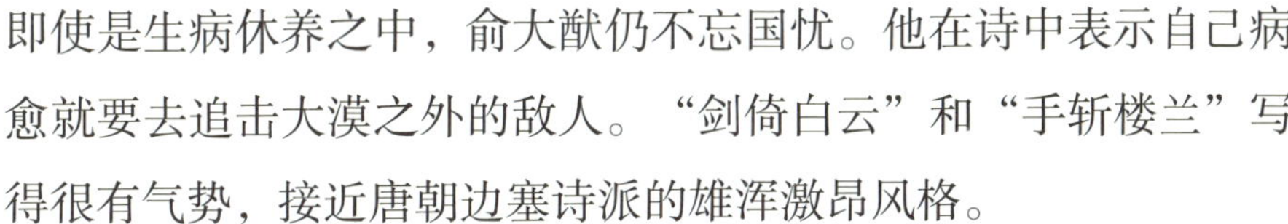

即使是生病休养之中，俞大猷仍不忘国忧。他在诗中表示自己病愈就要去追击大漠之外的敌人。“剑倚白云”和“手斩楼兰”写得很有气势，接近唐朝边塞诗派的雄浑激昂风格。

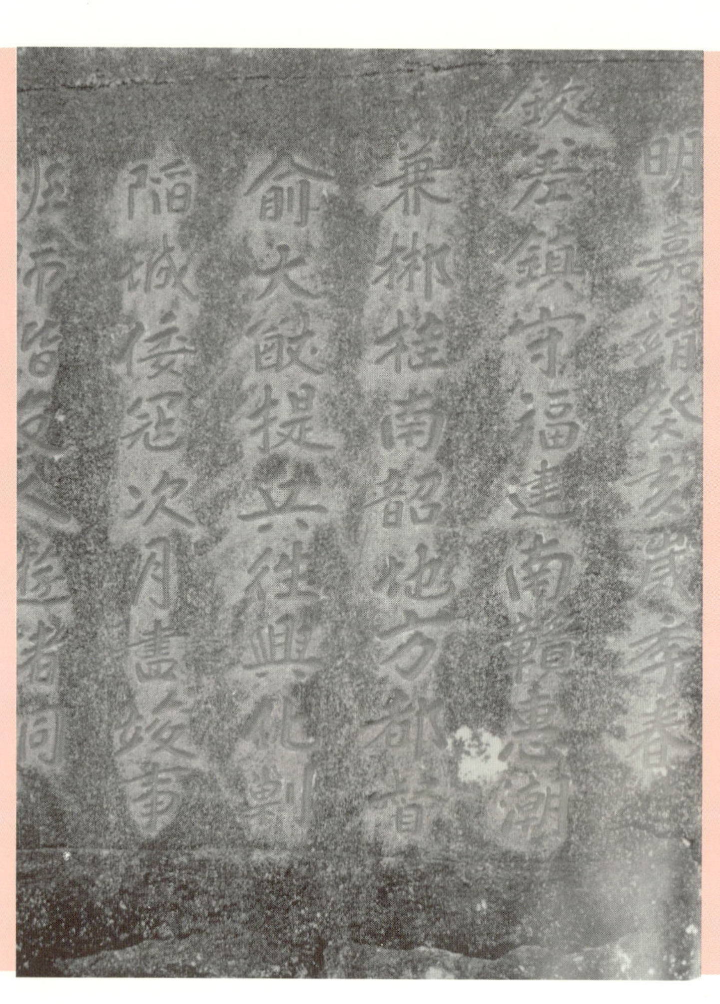
明嘉靖癸亥歲季春
欽差鎮守福建南贛惠潮
兼郴桂南韶地方都督
俞大猷提兵往興化剿
陷城倭經次月盡殄首

第七章

武术经典《剑经》

武职家风的传承、家乡文化的浸染、闽学思想的底蕴、军事斗争的锻炼，使俞大猷成为中国古代为数不多的儒将之一。他在军事及武术思想上均有较高的造诣，他的武术思想集中反映在《剑经》上。

俞家棍术天下知

俞大猷的家乡泉州，在历史上移民众多，自古以来民间练武成风，故长期以来流传一句俗语："拳头、烧酒、曲（南音）"，把练"拳头"列为日常生活消遣较有代表性的三件事之一。文武之道，一张一弛，较好地体现了自古以来泉州人日常生活的节奏感。尤其精妙的是，泉州人还把拳头与曲（南音）融会贯通。俞大猷在武术史上独创的术语"拍"字，把南音（演唱南音关键性乐器之一拍板的"拍"）之柔与武术之刚这两种在表面看来似是截然不同的节奏感，结合得相当完美。

南音也称南曲，是一种流行于福建泉州、厦门、晋江、龙海和台湾省，以及东南亚华侨聚居区的曲艺曲种。

历史上泉州城乡武馆随处可见。在一些重要的节日，更是以武术作为娱乐活动的主要形式之一。如我国传统的"舞狮"文娱节目，在泉州就发展成为"刣狮"（杀狮），把武术和舞蹈融合在一起，

动刀动枪的表演为此地所独有。当代泉州著名的地方戏剧高甲戏，其源头即是以武打见长的宋江戏，而宋江戏初期的武打套路多采用民间宋江阵的“剑狮”。即使是主要在民间做功德超度时演出的泉州打城戏，也是以武打的戏份为其主要特色之一。而武职世家出身的俞大猷，自小爱好练习武艺，也是因为受到潜移默化的影响。

俞大猷从小即以“俞大胆”闻名乡里，这实际上已经奠定了他习武的兴趣及其日后领兵打仗的思想基础。而且他习武和打仗的目的相当明确，即报国护民。他曾亲笔书写了“君恩山重”四字，镌于清源山他少年时代练胆习武的那块“练胆石”之上，向世人昭示他的忠君报国思想。少年时与俞大猷在清源山习武的好友邓城，曾与他一起向“白猿公”学习拳扑，后来两人的武术均很有名气，一时有“俞公棍、邓家拳”之称，俞大猷以棍法（即《剑经》中所说的“剑法”）而闻名。

据载，俞大猷的棍术早期主要是向李良钦学习的。李良钦是泉州府同安县人，相貌魁梧，生性秉忠，操行端严，武艺超群，勇猛过人，少以任侠结客，得异人齐眉棍法，神明变化，纵横莫当。后为适应实战需要，乃加长为丈二，独创丈二棍法。在《剑经》中我们可以看到，俞大猷曾多次提到李良钦惯用何种棍法，可见李良钦在教授俞大猷棍术的过程中，经常向他表演示范动作，并与他比试棍术，以至于他在20多年后撰写《剑经》（该书刊刻于1557年，当时俞大猷已经50多岁了）一书时仍印象深刻。李杜也曾提到俞大猷向李良钦学棍术的事，称俞大猷在基本掌握李良钦传授的棍术后，师徒两人曾有过一

次比试。比试中，李良钦将棍击的目标指向俞大猷的持棍手，拟一举击中要害（术语称“批”）而达到快速解除对方战斗力的目的。这是很厉害的一招，但这一招却被俞大猷轻易地化解了，继续与之斗棍。最终，李良钦终止了比试，看着青出于蓝而胜于蓝的徒弟，十分欣慰地说：“你今后的棍术，必将天下无敌了！”其后，俞大猷又转学于多位武术师傅，取长补短，融会贯通，“公既尽剑（按：即棍）术，益悟常山蛇势，以为兵法之术起五，尤一人之身有五体焉。虽将百万之兵，可使合为一人也”，终于成为一代武林名宿。

俞大猷的棍术，最为当时的习武之人所推崇，时人称“机权棍长一丈二尺，精者能入枪破刀。惟东海边城与闽中俞大猷之棍，相为表里，法有不传之秘”。俞大猷对自己棍术之精纯也颇为自信，他曾说：“吾尝学剑颇闲（娴）其技，十步一人，千里不留行”。即使到了暮年，他仍豪迈地说：“试选三十好汉各提枪棍，以猷一人独挡，不令其披靡辟易，请就斧钺。”可以一棍独当30名提持枪棍的好汉，足见其武艺之高强。

《剑经》释名

为何书名明明白白写的是《剑经》，却要把“剑”解读为“棍”？这是一个许多读者都会提出的问题。因此，有必要先对《剑经》的书名做个解释。

其实，为何名为《剑经》却是论述棍术之专著，这个问题无论是俞大猷本人，还是协助他整理编纂《正气堂集》的李杜都没有说明，就连同时期转载《剑经》理论的军事家、武术家们，也不做任何解释。或许这在当时是一个不成问题的问题，但在400多年后的今天让人困惑。

先说“经”。《剑经》之“经”，有通用法则、理论之意，比较接近于“经典”的字义，即以儒家经典比喻棍在诸门武艺中重要的基础地位，正如他在该书中所说：

> 用棍如读“四书”，钩、刀、枪、钯，如同各读一经，“四书”既明，“六经”之理亦明矣。若能棍，则各利器之法从此得矣。

当代学人编撰的《中国武术大辞典》，对“经”字是这样解释的：“经典论著，即记载一事一艺的专著”，这里的“艺”，说的就是武艺。

相对而言，《剑经》的“经”字较易理解。接下来谈谈关键的“剑”字。

我国近代著名武术史学家唐豪认为，《剑经》“所以名为剑者，盖中国古以剑为重，明此所以尊也”。另一位近代著名武侠小说家向恺然也认为以“剑”代“棍”是托名寄高之举，“俞虚江所著《剑经》，以棍为基，而通其法于各器，其以‘剑经’名篇者，盖以剑为诸器之祖，而诸篇棍法所自出也。”另外，当代中国武术史学家程大力也指出，剑在中国古代是武、武备、武功、武术、尚武精神的象征，具有一定的替代作用。可见，《剑经》以“剑”命名，显然是由剑在武术文化中的独特地位所决定的。而实际上，棍术与剑术之间存在着一定的内在联系，明朝茅元仪所辑的重要军事著作《武备志》即明确指出：棍技与剑技可以互通。从俞大猷在抗倭实践中曾致力于日人倭刀技法的研究，和俞家棍在抗倭战斗中发挥了重要作用的效果看来，俞大猷有可能直接吸收倭人的剑（倭人称刀为“剑”）技以丰富自家的棍法，借棍存剑。在《剑经》中也确实能读到一些有助于悟解长剑技艺的内容。可见《剑经》之“剑”，是个内涵丰富的综合性指示代词。

《剑经》有三个版本，其一收录于《正气堂余集》中，其二收录于《续武经总要》中，其三就是明天启年间以单独刻本行世。其内容以棍法为主，也纳入箭和阵的部分内容。由于明代以来转录《剑经》者多将箭法和阵法删节而仅留棍法内容，所以自明代开始，人们已把《剑经》视为一部棍术专著了。但因这本书早已散佚，后人多知其名而难觅其书。民国初年，泉州有一位叫苏大山的名士，即抄写一部，辑于“红兰馆小丛书”，以便识者研读。

《剑经》三法“剑”为主

《剑经》作为中国古代的一部著名武术经典，一般人想对其内容有所了解，显然要借助于武术界内行专家的指点。

《剑经》内容包括剑、射、阵三法，而以剑法为主。

先说剑法。剑法即棍法，共180条，分为“总诀”“步法”“技击法”三部分。

总诀部分有“总诀歌”四首，是剑法的总原则、总精神。

第一首：

中直八刚十二柔，上剃下滚分左右。

打杀高低左右接，手动足进参互就。

“中直”：身体保持中直，不能前倾后仰东倒西歪，也有人说“直”字是指追求在最短距离以最快速度打击对手；“八刚”：技击理论组成部分，包括动静（技击过程中相对的运动和静止）、刚柔（刚柔相推而生变化）、虚实（技击中的虚实辩证关系，虚实劲力强与弱）、进退（技击中的对抗术语，进有虚实，退有真假，进有进击，退有截击）；“十二柔”：指人体头部、躯干、四肢等部位在练武术时的柔韧状态，不要僵硬持力，才能进退灵活，保持耐久；“上剃”：两棍相遇，我占左门，棍粘贴对方棍身，刮削对方持棍前手；“下滚”：两棍相遇，我占他大门，棍端在对方前手上方或棍底，或棍端在他前手后方，直接顺对方棍身劈削对方持棍前手；“分左右”：两棍相遇，要分清敌我棍端在左侧或右侧，以利我正确用力、发棍；“打杀高低左右接，手动足进参互就”：当棍要做上剃、下滚、打、杀等动作时，一定要分清左右和高低，才能应付自如，手足的动作、进退、跳跃，均应协调配合，才能达到技击的要旨。

第二首：

刚在他力前，柔乘他力后。

彼忙我静待，知拍任君斗。

“刚在他力前”：当对方持棍要进攻，而劲力未发之时，我即要抢先快攻，先发制人，一举制服对方；“柔乘他力后”：当对方第一次攻击过后、尚未进行第二次进攻之际，我即要利用这关键的时间差乘虚而入，攻其不备，后发先至；“彼忙我静待”：这是以静制动，以逸待劳，寻机制敌；“知拍任君斗”：拍板是泉州南音为制衡演唱节奏的一种独特的拍击乐器，击打后发出“拍”的声音，两棍对击时也会发出“拍”的声音，技击者可在棍击声中寻求对方破绽而发力制敌。

第三首：

阴阳要转，两手要直。
前脚要曲，后脚要直。
一打一揭，遍身着力。
步步进前，天下无敌。

“阴阳要转”：指阴阳转化之理在武术上的应用，“阴”代表静、柔软（如动作的退、倒、守等），而“阳”则代表动、刚硬（如动作的进、攻等）；“两手要直”：指握棍时，手臂要直，劲力才会顺遂，手肘不外拐；“前脚要曲，后脚要直”：指步型为弓箭步，具体要求前腿屈膝蹲平，膝部向前与脚尖垂直，脚尖内扣，挺胸、塌腰、落臀；“一打一揭，遍身着力。步步进前，天下无敌”：“打”指劈棍、破棍的棍法，“揭”指挑棍、掀棍的棍法，棍法姿势正确，腰力劲力协调，发力达于棍端，步步进逼，即可战胜对手。

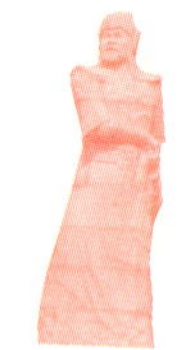

第四首：

视不能如能，生疏莫临敌。
后手须用功，遍身俱有力。
动时把得固，一发未深入。
打剪急进凿，后发胜先实。
步步俱要进，时时俱取直。
更有阴阳诀，诸君要熟识。

“视不能如能”：棍法争斗激烈，绝不能自大轻敌，即使对手技不如己，也要视之为高手，认真对待；“生疏莫临敌”：如果自己的棍法尚未入门或不够扎实，千万不要逞强迎敌，以免吃亏；“后手须用功”：棍法招数千变万化，很多是组合式，都依后手指拨而成，所以不能忽视后手的动作，必须下深功夫研究；“遍身俱有力”：临阵对敌，要高度集中精神，搏斗时全身、手足均要发力；“动时把得固”：“把”指棍身，持棍时双手都须握紧，以免争斗时棍与棍对磕时被震开脱把；“一发未深入”：双方对抵棍时，可以先行试探虚实，点到为止，然后在大致能判断对方的虚实之后，即采取第二步措施，这是后发制人策略；“打剪急进凿”：“打剪”可分大剪（大剪叫左剪，棍端自左向下绕半圈，棍端往上绕下扣打）和小剪（小剪是自右下向上绕半圈，再向右下方扣打），进而把棍端插进对手前上方绕半圈扣打，又称吊剪；“后发胜先实”：先出手者其状态即由实转虚，后出手者却可趁机发现对手之虚而发起进攻，故后发制人比先发制人往往更有获胜的把握；“步步俱要进，时时俱取直，更有阴阳诀，请君要熟识”：两棍相斗时，步步都要进前，时时都要注意出棍双手要直挡，棍梢要正直，尤其“阴阳”是《剑经》搏击思想的理论基础，非常重要，学棍者务必熟记在心。

以上总诀包括刚柔、阴阳、攻守、动静、审势、功力、手足动作等的运用原则。

步法部分是实现总诀的练功动作，有“钯习步法”“棍习步法”和“总步目”等。

钯习步法：

中平起，大斜压。他大飞天，我转角赶上压。他再大飞高，我小高直当即压下。他小飞高，我小高直当即小压下。他再小飞高，我大高直当即大压下过小。他直杀来，我再大压过小。他人我大上舞角，我用身力转角赶上略收低。他再入我大上角，我转角对手直杀去，跳回一步。他打来，我伏回即赶上，大起一扫，下再跳回；中拦止大压，小压已粘他本杆，即大进上衡死他。

小直当，小斜压。大直当，大斜压。

棍习步法：

起中平，推牵，扁身杀，丁字回杀，旋手进五步杀。跳退三步原位，直跳进五步杀。腰力跳打，滴水献花，杀。跳退三步原位进打。穿后手马前鸡啄，进三步杀。马前斩草，进三步杀。跳退原位，打沉，让他先起，穿后手，抽回，吊剪，抽回。三脚并进五步，大门趁棍走，进杀。小门趁棍走，进直符杀。洗，倒头，直打，直起磕，打杀摆腰，进三步，剪，杀。跳退原位。

总步目，这是基本技手，计35步目：

直破。打剃。大剪。小剪。揭（用手力）。上扁身。滴水献花。吊剪。下起接。让（高低俱有）。大单鞭压。子午。阴阳。下起穿手上。喜鹊过枝。趁棍走。走马回头。丁字步（大僻）。鸡啄谷。高拦凶棍。直凿。闪腰剪。三脚峙。倒头。马前斩草。上捧凿。小剪下小起。小单鞭压就手凿。下扁身。二龙争珠。直符送书杀。齐眉杀

（后手高抄）。顺势打盘山托。定四步行。固。

技击法，这部分立足于实战需要。前面所说的总步目和习步法这两部分，只是讲具体动作，最关键的还在于实际运用，这就要靠技击训练，因是适应实时搏击需要，求其速成，所以技击的训练动作很具体，多达180条。其内容基本为攻防拆解、起招破招，上下技分明，有的几乎是对打小套路。一部分讲技击之取势应变，避虚取实，临敌大要。对于其内容较为费解之处，或图示，或注释，或以问答形式阐释。

次说射法。

射法计16条，还有陈贞可信及复陈贞可信两封。它主要说明量力调弓、量弓制矢和持弓矢法、马上把箭法、练射方法等。举其要点有：镞不上指，必无中理；提不知镞，同于无目；精神和易，手足安固势。

再说阵法。

阵法只记述营阵四形，即驻阵二形（圆形和方形）和战阵二形（三叠势和夺前蛟势），均有图示。其要点有：在旷荡之野驻阵，大致可分为方形和圆形两种，但如地势不便，则要因地制宜，随时演变，灵活掌握；制阵要妙之法，唯在于表里相应，首尾相救，阵队相容，形名相别，这样才能在作战中冲之不乱、撼之不动；战阵于进退之际，要止以齐之，节而制之。

北传西渐影响广

俞氏棍术是地域武术文化的精华，其理论专著《剑经》是我国古代重要的武术经典之一，在我国武术史上影响深远。

嘉靖四十年（1561年），俞大猷自大同奉调南征，特地取道前往河南嵩山，探访少林寺，此行是直奔“久闻而未识”的少林棍术而去的。

俞大猷到达少林寺当天，得到住持小山上人的隆重接待，寺中武艺精湛者千余人出来谒见，还应俞大猷的要求，当场演练少林棍法，每个人都使出浑身解数，非常卖力。但俞大猷观后却十分失望，发现他们的武术已经不是祖传正宗了，慨叹“真诀尽失”，少林棍已和当时大多数武术流派一样，都流于花架子而遗失“真可拨打”的实战性，而后者正是一位在当时特定历史环境中的沙场老将所刻意关注的。经小山上人同意，俞大猷即选择了宗擎、普从这两位精壮的和尚随他从军南行。二僧的棍法是在俞大猷的亲自指导下、在福建抗倭前线多年实战历练之中练成的，即所谓“既学艺必试敌”，俞氏棍法的实战性如何，可想而知。俞大猷把棍法真诀都教给这两位僧人后，即让他俩回寺后广授给其他僧人，又使近百人学到了真诀。13年后宗擎到北京拜谒俞大猷，俞大猷又把自己的经典著作《剑经》传授给他，宗擎得到俞氏的理论和实践的真传，又使少林武术发扬光大。如今《少林棍法大全》中的《少林俞家棍》，就是当年俞大猷传授的，因为无论是《少林俞家棍》的“功诀”与《剑经》中“总歌诀”的对比，或是《少林俞家棍》的图势与《剑经》中的图解，都显示了两者之间有着高度的一致性。俞家棍北传到少林寺后，在传承的过程中曾变名为“五虎拦”，其实也是俞大猷传之宗擎、普从，再由二僧传之少林寺中其他僧人的俞家棍。

应该指出的是，少林寺僧人不仅得到俞大猷的真传，还牢

记“既学艺必试敌”的教导，在抗倭斗争中也有杰出的表现。如前面提到的明代少林僧兵抗倭的事迹，嘉靖年间少林寺御倭僧兵中，现在能知道较为可靠姓名的，只有3人而已，即宗擎、普从和了因，其中宗擎和普从就是当年俞大猷一手教出的高徒。

间接影响及东亚

不仅如此，《剑经》还东传西扩，影响深远。

在《剑经》出版百年后，日本江户时代的柳生新阴流和宫本武藏的《五轮书》中所载的剑理，与《剑经》有颇多相同之处，其剑术亦有“先之先”“后之先”和“知拍”等说。如今日本空手道松涛馆等，也将这些武术理论应用于指导徒手格斗。

俞大猷之后的明代人茅元仪曾编辑了一部百科全书式的兵书《武备志》，其中即收录有全文转录《剑经》的《纪效新书》。《武备志》中所收录的一路传入朝鲜半岛的双剑法，是与万历年间明军入朝抗倭有关。有人认为，自明朝时传入朝鲜的双剑法，有可能传自俞大猷门下以许国威为代表的福建步兵，即经他们言传身教传授与朝鲜士兵。目前虽尚不能确定朝鲜势法是否直接源自俞大猷的“荆楚长剑”，但是，其中所记载的五种主要技术，与《剑经》差不多，其中使用的一些术语，也是《剑经》中的标志性术语。

正氣堂

第八章

昭代儒将 永垂青史

俞大猷在为国奉献一生后，以 77 岁高龄与世长辞。对于俞大猷在历史上的优秀表现，不论是时人或是后人、官方或是百姓，均有较为中肯的评价。

平生功勋留史册

明万历六年（1578年）四月，俞大猷上疏请求退休。其原因有三：

其一，年老体衰。俞大猷在《乞归疏》中说：如今他已是76岁高龄的老人了，在军中奉职已有47载。如今气血日衰、齿牙尽落，连头发也快掉光了；风疾每作，听重视昏，手足麻痹，神常仿佛，事多健忘，身体素质早已不适宜领兵打仗了，希望能回到家乡泉州养老。从疏文中可以看出，俞大猷为建功立业、报效国家，付出了多大的代价。

其二，谭纶病逝。谭纶小俞大猷17岁，官至兵部尚书，为明代抗倭名将，是俞大猷的私交挚友和政治上的靠山。谭纶于万历五年四月在任上病逝，年仅58岁。谭纶的去世对俞大猷在精神上的打击非常大，俞大猷于次年四月即正式上疏请求退休，显然两者之间有着一定的内在联系。

其三，功成身退。经过3年努力，这时他已经出色地完成了训练京营车兵的任务，如像当年参加科考一样，他向朝廷最后交上一份优秀的答卷。功成身退，也符合"四时之序，成功者退"的易理。反观历史，"自古及今进而不知退至于囚终者，往往而是。"

兵部尚书在给俞大猷的回复中是这样说的：

> 为照本官扬历中外四十余年，忠勤勋绩，卓有可观。年岁虽老，精力未衰。起而驱驰虽不足，坐而筹划则有余……而国有宿将，所系匪轻。……恭候命下，行

令本官照旧供职。惟复别奉定夺，谨题请旨。

该兵部复本可视为官方对俞大猷历史地位的一个初步评价。兵部认为俞大猷久经沙场40余年，扬威中外，忠勤勋绩，卓有可观。虽然年纪大了，要亲身驱驰于杀敌前线有困难，但精力未衰，坐而筹划杀敌计谋则绰绰有余，称他是一位为国家所倚重的难得宿将。上报皇上后，皇上也同意兵部的看法，认为人才难得，所以不同意他退休，要他"照旧供职"，继续发挥余热，为国效劳。

但俞大猷退意已定，于是再上《乞归疏》。

这年九月初八，皇上终于批准他致仕。这次兵部复本对俞大猷的评价，写得较为全面：

为照本官，才猷兼茂，忠赤独怀。历仕三朝，身经百战。经营四十七年，斩馘二万五千余级。功在边陲，裒然为诸将之首。况操履清素，始终不渝，又有足称者。

这一次的兵部复本，是在俞大猷退休回乡为民前，对他历史地位的权威评价，是官方对他47年戎马生涯的一个简要评语，而且经过了皇帝的认可。具有最高权威性。

俞大猷在办理退休手续后，即自北京启程回家乡泉州。

在俞大猷回到泉州之前，钦差提督军务兼巡抚福建地方都察院右佥都御史耿定向，又专门"为优礼乡贤事"，下了一封公文给兴泉道（福建所设9个分巡道之一，兴泉道驻泉州），在该文件中再次褒扬了俞大猷：

照得后军都督府都督同知、今致仕乡官俞号虚江，学究本源，悟韬略于韦编之绝，才兼文武，识阵法于组豆之阵。谈兵，则卑视乎孙吴；论道，则耻杂之佛老。一险夷，忘得丧，志在国家。捍西北，卫东南，功存社稷。好学而耄耆不倦，矍圃之彦仅存，知足而簪绂遄投，洛社之英再见。

他最后命令兴泉道代为制作一块写上“昭代儒将”四字的牌匾，再举行一个隆重的仪式送给俞大猷。可以认为，“昭代儒将”四字是对俞大猷的一个较为准确的评价。

万历七年（1579年），俞大猷在家中逝世，享年77岁。朝廷赐祭葬，赠左都督，谥武襄。刑部尚书黄光升为他题写墓志铭。

在俞大猷退休回泉州的161年后，由清朝明史馆组织纂修的《明史》，于乾隆四年（公元1739年）最后定稿，进呈刊刻。作为官修的正史，《明史》具有较高的权威性。《明史·俞大猷传》在传主评语中是这样写的：

大猷负奇节，以古贤豪自期。其用兵先计后战，不贪近功。忠诚许国，老而弥笃，所在有大勋。武平、崖州、饶平皆为祠祀。谭纶尝与书曰：“节制精明，公不如纶。信赏必罚，公不如戚。精悍驰骋，公不如刘。然此皆小知，而公则堪大受。”戚谓戚继光，刘谓刘显也。

《明史·俞大猷传》特地引用了谭纶对俞大猷的评价，尽管在平海卫大捷中包括谭纶在内的4位将领各有所长，但比起俞大猷来，谭纶自认自己和戚继光、刘显均为“小知”，只有俞大猷才是“堪大受”的大将之才。对于一位抗倭名将，这个评价是很高的，而且也较为客观，同时也因为内行而更有权威性。俞大猷传最后的这段评语一共才118字，而引用谭纶对俞大猷的评价，就多达64字，这说明本书的作者对谭纶的看法是高度认同的。

民间感念祀“俞佛”

俞大猷为官颇得民心，深受地方百姓好评。《明史·俞大猷传》对此有记载：“武平、崖州、饶平皆为祠祀。”其实，自发为俞大猷建生祠纪念的老百姓，并不止这三地，早在俞大猷任职金门时已有了。

俞大猷于嘉靖十四年（1535年）任泉州卫前所署正千户，守御金门，嘉靖十九年离职。俞大猷离开金门后，金门人思念他的恩德，在地方官员的支持下，为他建生祠纪念。其《都督俞公祠记》首先说明了建祠立碑之缘起：“金门所生祠一区，所各官暨耆士为都督俞虚江建也。公昔视师金门所，卑尊长少，举欣欣然，爱若父母，相与亭而碑之。其迁而去也……卑尊少长，动辄

金门啸卧亭

思公。闻有自公左右回者，相率询问，欣跃如见。累欲卜地构祠而俎豆者矣。”碑文充分肯定了俞大猷守御金门时的政绩：

> 公为金门御而公廉，孚以恩信。有荆楚剑法以教士卒；有诗书礼乐以育英才；有圣训规条以帅父老子弟行乡约。乃今甲胄之士，人人共侯心，而白皙青衿，间亦崭然露头角。……夫其恩足鼓人心也，足故人知感而碑竖焉。公其功足系人望也，是故人不忘而祠建焉。

该碑文写于嘉靖四十三年（1564年）十月，这时俞大猷离开金门已经有24年之久了。石碑至今尚存，立于现金门酒厂旁。

嘉靖二十三年（1544年）三月，俞大猷任汀漳守备。他注重教化治民，而不是专恃武力。他指导当地文人读《易经》写文章，教当地民众练武术以自卫，使强盗不敢到武平骚扰。在《漳州府志》中有收录了一篇《肤功遗爱碑记》，是歌颂嘉靖二十三、二十四年间俞大猷在漳州府华安县仙都大地里（今大地

俞大猷纪念馆

村）剿寇安民的功绩。其中写道：

> 今守备俞公之至吾地，严禁戒肃而约束明，卒伍无敢喧于闾阎。吾安吾栖而治吾耨，作息循旦暮之候，而不知兵在吾境。老稚嬉游，以阅俘馘以遇，而无变奔惊叱之虞。畜之栖于埘者，可数而收；葵之在园者，茎叶无所损。老诏其少，尊语其卑，不图生身以来获蒙此幸，又不图目睹以来乃见兹美。壶飧斗酒之馈，却而不赏；山织野菌之所治，又不敢以献。相与郁而不慦，谋所以报之，其术无繇，是以敢冒然而来请也。

军纪如此严明，这在当时是较为罕见的，难怪当地老百姓对俞大猷会如此感恩戴德。俞大猷自汀漳守备离任后，武平人民也自发为他建祠树碑，以寄托对他的思念。

嘉靖二十六年（1547年）十二月，俞大猷升任广东都指挥使司军政佥书，署都指挥佥事。时广东新兴、恩平两地瑶民屡次反叛，俞大猷采取“开诚抚谕”的策略，并自带干粮，单骑遍访新兴瑶民所住村落，宣谕招抚之策，实行保甲联民。其后，恩平瑶民的招抚工作顺利完成。

后来当俞大猷调离之日，老百姓“扯衣遮道留者数千，父老皓发皤须，夺公舆肩之以归，数日不得行。曰：且留公数日，亦遗我数日之安耳”，十分令人感动。白天走不了，俞大猷只好在夜深人静之际，单骑从间道悄悄离去。

嘉靖二十九年（1550年）三月，俞大猷升任刚设置的琼州参将一职，随后即奉调镇压五指山黎民的反抗斗争。在这次军事行动中，俞大猷有着与一般武将不同的见解，他说：“黎民，亦人也，率数年一反一征，岂上天生人意哉？宜行善后策，建城郭、

设墟市，稍以汉人法，因夷人俗集治之，可使数十年无反。”

于是俞大猷遍访黎民所住村落，与黎民约法，取得了较好的效果，而他本人也获得了黎民的极大尊重，“黎人争持牛酒劳公，图公像佛祠中，呼公为俞佛而祷焉。”

学界评说誉“俞龙”

明代嘉靖年间是倭患最烈时期，俞大猷和戚继光是明军最著名的抗倭将领，时人称他俩为“俞龙戚虎”。正如谭纶所论，两人各有千秋。明末清初的学者对俞大猷的评价也是很高的，但后来却逐渐出现了一种“重戚轻俞”的现象，并呈发展趋势。

明末学者黄道周说：

> 大猷为将，事必先周。陈师鞠旅，言必尽谋。水灭倭氛，陆俘琏囚。闽广奠安，漳泉少忧。比之方叔，实称其俦。

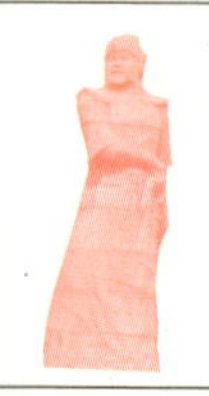

称俞大猷与西周中兴大功臣方叔“实称其俦”，这个评价是非常高的。

清初历史学家，后人称为“清代文苑第一人”的谷应泰说：

> 任环效命留都，俞大猷经营两浙，戚继光驱驰闽海。类皆大国干城，足以灭此朝食。

中国近代维新思想家郑观应对俞大猷的评价也很高，把他列为中国古代13位名将之一：

> 古之为将者，经文纬武，谋勇双全；能得人，能知人，能爱人，能制人；省天时之机，察地理之要，顺人和之情，详安危之势。凡古今之得失治乱，阵法之变化

> 周密，兵家之虚实奇正，器械之精粗巧拙，无不洞识。如春秋时之孙武、李牧（按：李牧应为战国时人），汉之韩信、马援、班超、诸葛亮，唐之李靖、郭子仪、李光弼，宋之宗泽、岳飞，明之戚继光、俞大猷等诸名将，无不通书史，晓兵法，知地利，精器械，与今之泰西各国讲求将才者无异。

中华人民共和国成立后，在相当长的一段时间内，基础教育和高等教育的历史教科书中，对于明代抗倭名将，或只提戚继光，没提俞大猷；或虽有提到俞大猷，但仅一笔带过。历史上这种“重戚轻俞”的现象，究其原因，既有古人的责任，也有今人的过失。令人欣慰的是，这种现象，自20世纪70年代末以来有所改观。1978年11月，泉州历史研究会正式成立，包括俞大猷在内的13位泉州历史人物被确定为研究重点。

1984年《俞大猷年谱》出版，以供研究参考之用。为了给俞大猷研究者提供必需的第一手史料，泉州有关方面又先后组织专家对《正气堂全集》进行点校：一部为廖渊泉、张吉昌点校，福建人民出版社2007年出版；一部为范中义点校，上海辞书出版社2011年出版。《正气堂全集》的点校出版，为有关研究者提供了极大的方便，有力地促进了俞大猷研究工作的深入与发展。

1988年，泉州本地作家王钦之著的历史小说《龙虎风云——俞大猷传奇》由鹭江出版社出版，颇受读者欢迎。此后又陆续有几本俞大猷传记问世。

1993年，泉州首次举办“民族英雄俞大猷诞生490周年纪念活动暨学术研讨会”，对俞大猷的历史功绩、军事思想和武术成就等方面进行全方位、多层次的研讨。在此学术背景下，泉州市俞大猷学术研究会于1997年成立。自2003年起，泉州市俞大猷学术研究会又与地方有关部门连续组织了纪念俞大猷诞辰500周年、505周年、510周年的3次学术论坛，不断地把研究推向深入。

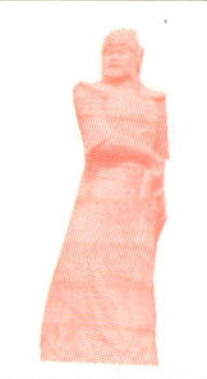

延伸阅读

［明］俞大猷. 正气堂全集. 福州：福建人民出版社，2007.

［清］张廷玉等. 明史（俞大猷传）. 北京：中华书局，1974.

［明］何乔远. 名山藏（俞大猷传）. 福州：福建人民出版社，2010.

［清］怀荫布等. 泉州府志（俞大猷传）. 泉州市编纂委员会办公室影印本，1984.

［清］周学曾等. 晋江县志（俞大猷传）. 福州：福建人民出版社，1990.

庄宴成，许在全. 泉州历史人物传（俞大猷传）. 厦门：鹭江出版社，1991.

范中义. 俞大猷评传. 北京：解放军出版社，2014.

曾纪鑫. 大明雄风·俞大猷传. 北京：九州出版社，2015.

陈继川. 洗海忠魂俞大猷. 南京：南京出版社，2016.

后　记

福建，山海相拥，人杰地灵，人文荟萃，英才辈出，产生了许多伟大的思想家、文学家、教育家、科学家和民族英雄、爱国先驱、革命将士、时代楷模。他们的教育成长、道德品行和思想文章，是福建的宝贵精神财富，教育和激励着一代代福建人努力学习、奋勇前行。福建省社会科学界联合会组织编写的“福建历史文化名人丛书”，以福建历史名人为题材，古今结合，意在从高处着眼、从基础着手，普及人文社会科学知识，促进人文道德养成，使社会科学知识走进大众、走进生活、走进现实，让更多的人了解福建历史名人，弘扬优秀传统文化，增强福建文化影响力和感染力，为建设文化强省添砖加瓦。

“福建历史文化名人丛书”（第三辑）所包含的董奉、薛令之、游酢、罗从彦、李侗、袁枢、蔡元定、刘克庄、俞大猷、洪承畴10个人物故事，记录了福建文化之于中国历史的影响，同时也以人物史的叙述方式生动地展现出中国人文精神的风骨和传统文化的传承。人物篇以人物生平为线索，在故事中体现传主的学问、事功、道德，凸显他们在中华文明进程中的重要作用，深入挖掘和阐发其内在精神，从而激起读者爱国爱乡的强烈情感，使之成为涵养社会主义核心价值观的重要源泉。

这套丛书以广大群众为读者对象，尤其是各年龄段的学生群体以及受过中等教育的读者，他们对这些历史名人的认知，大多来源于历史课本、乡土教材、文化景点和博物馆，很难形成具体、深入、系统的认识。丛书深入浅出，雅俗共赏，通过一个个生动精彩的故事带领读者走进福建历史，走入人文社会科学的知识殿堂，融故事性、知识性、趣味性、可读性于一体，对提升大众的阅读水平、普及社会科学知识、提高人文社会科学文化素养和思想道德素质有着积极的作用。

福建省社科联党组书记、副主席林蔚芬对编撰出版工作提出明确要求，给予大力支持。省社科联党组成员、副主席缪建萍亲自指导本丛书的策划和编写工作。省社科联从事社科普及工作的李道兴、杨文飞、林彤、李培鋗等具体组织实施本丛书的编撰出版工作。

专家刘小新老师对丛书写作大纲和书稿进行了认真审读，并提出了许多很好的意见和建议，在此表示感谢！

由于编撰出版时间紧，经验和水平有限，疏漏在所难免，敬请广大读者批评指正。

编委会

2017年8月